CÍRCULO LI
BRASILIANISCHER LITERA
HERAUSGEBERIN | EDI

Saudade é uma palavra estragada
Sehnsucht ist ein verdorbenes Wort

GRAFIKEN | DESIGN GRÁFICO **MARIA HERRLICH**
ZEICHNUNGEN | ILUSTRAÇÕES **CIÇA CAMARGO**

BÜBÜL VERLAG
BERLIN

Vorwort TANJA LANGER

Die zehn Mitglieder des Círculo Litérario de Berlim könnten unterschiedlicher nicht sein; ein lebhaftes Temperament haben sie alle. Einmal im Monat kommen sie zusammen, seit einem Workshop mit dem bekannten brasilianischen Schriftsteller Luiz Ruffato, 2014. Sie lesen sich vor, was sie geschrieben haben, und diskutieren es mit verblüffender Direktheit. Verblüffend, denn – das habe ich unter viel Gelächter gelernt – in Brasilien liebt man es eher, die Dinge in der Schwebe zu lassen. Adjektive werden anders gesetzt, Zeitformen anders verwendet. Das spielt auch eine Rolle in der Literatur, und es ist der Geduld unserer ÜbersetzerInnen zu danken, dass wir dieses ungewöhnliche Experiment machen konnten, ein Lektorat rückwärts – von der deutschen Übersetzung zurück in die portugiesisch-brasilianischen Texte, die – ihnen beiden herzlichsten Dank! – von Luciana Medeiros (Rio de Janeiro) und Leo Tonus (Paris) liebevoll Korrektur gelesen wurden.

Alle zehn SchriftstellerInnen haben ein inniges Verhältnis zu ihrer Muttersprache, die sich in ihnen verändert hat in den Jahren, die sie fern von Brasilien in Berlin leben, und die ihnen doch geblieben ist, als Ausdrucksmittel für das ganz Eigene, für die Stimme, die, im Inneren gesucht, das, was sie in der Welt wahrnehmen, in die Sprache bringt. Auf diese Weise wird die Sprache, in der sie erzählen oder dichten, ungeheuer lebendig; zugleich wird sie immer wieder hinterfragt und abgeklopft. Alle zehn lieben das Wort, die Wörter, die Zwischentöne. Und das spürt man: In den hintergründigen Reimen von Camila Nobiling, den brillant harten Versen von Ciça Camargo oder den philosophischen von Luzia Costa Becker. In der kritisch-amüsanten Crônica, einer literarischen Glosse, von Ana Valéria Celestino oder den augenzwinkernden Kinderfragen von Valeska Brinkmann. In der formbewussten, situativen Kurzgeschichte von Carla Bessa, die wie Cléssio Moura de Souza nicht nur ein Tabu aufgreift, ebenso wie in der Erzählung von Luciana Rangel, die eine Lebensgeschichte komprimiert und darin die eines Landes erzählt. Die Liebe zu den genauen Worten steckt in den Liebesgeschichten von Samantha Dearo und Udo Baingo, bei denen man nicht weiß, ob die Liebe die Phantasie erzeugt oder umgekehrt.

In unserer vielsprachigen Welt klingen viele Stimmen, ich bin glücklich, diese hier in unserem Buch präsentieren zu dürfen, das Maria Herrlich mit großer Leidenschaft und ihren „gerissenen Bildern" gestaltet und das Ciça Camargo mit ihren aparten Zeichnungen bereichert hat.

Prefácio TANJA LANGER | Carla Bessa

Os dez integrantes do Círculo Literário de Berlim não poderiam ser mais díspares. Porém, o forte temperamento é comum a todos. Eles se encontram rigorosamente uma vez por mês desde um workshop com o escritor Luiz Ruffato, em 2014. Leem e discutem seus textos com espantosa franqueza. Sim, é espantoso, pois no Brasil – e isso eu aprendi em meio a muitas gargalhadas – as pessoas preferem deixar as coisas suspensas. Adjetivos são postos em outro lugar, conjugações verbais usadas de outra forma. Essas coisas têm um papel importante na literatura e é graças à paciência de nossos tradutores e tradutoras que pudemos ousar este experimento tão inusitado: uma editoração às avessas – da tradução para o alemão de volta aos originais em português do Brasil. O que não seria possível sem a revisão carinhosa de Luciana Medeiros (Rio de Janeiro) e Leo Tonus (Paris) – aos dois, nosso caloroso obrigado!

Todos os dez autores têm uma ligação íntima com sua língua materna, ligação esta que se transforma com os anos em que vivem longe do Brasil, em Berlim, e que apesar disso permanece presente, como expressão da pessoalidade, da voz buscada no íntimo para formular a sua percepção do mundo. E, assim, questionando e cavoucando a língua em que contam ou narram, a tornam surpreendentemente vívida. Todos os dez circulares amam a palavra, as palavras, as entrelinhas. Esse amor é tangível: nas rimas arredias de Camila Nobiling, nos implacáveis e brilhantes versos de Ciça Camargo ou na poesia filosófica de Luzia Costa Becker. Na crônica crítica e divertida de Ana Valéria Celestino ou nas perguntas infantis ariscas de Valeska Brinkmann. Na rigidez formal do conto situacional de Carla Bessa que, como Cléssio Moura de Souza, vai além da mera exposição de um tabu, assim como no conto de Luciana Rangel, que comprime a história de uma vida e, nela, a de todo um país. O amor pelas palavras exatas é o que está por trás das histórias de Samantha Dearo e Udo Baingo, nas quais a gente nunca sabe se é o amor que gera a fantasia ou o contrário.

Na algaravia do nosso mundo soam muitas vozes. Estou feliz de poder apresentar algumas delas aqui neste livro, cujo projeto gráfico foi idealizado com grande paixão por Maria Herrlich e suas "ilustrações recortadas" e esmerado com os desenhos singulares de Ciça Camargo.

Herr Kröterich CAMILA NOBILING | Aron Zynga

Herr Kröterich war eine Kröte,
die Sonaten hörte, Schuhwerk trug
und eine Fliege als Krawatte hatte.

Hochgewachsen war er, grün und schlank
und quakte eine amüsante Sprache.
Die Krötenbande war gleich außer Rand und Band,
weil keiner ihn verstand.

Was ist das für 'ne Sprache?
Ein Gequake, frech und keck!
Sprachgewandt und elegant!
Das ist schon fast suspekt.

Seu Rã CAMILA NOBILING

Seu Rã era um sapo que usava sapato,
tinha uma coleção de sonatas
e uma borboleta na gravata.

Alto, verde-louro e comprido,
coachava em uma língua engraçada
que deixava a sapaiada toda agitada
porque ninguém entendia nada.

Que língua é essa?
Que coacho eloquente!
Elegante, irreverente!
Dá até medo na gente.

Die misstrauische Krötenbande war am Anfang neugierig:
Solch ein Gequake hierzulande kannte sie noch nicht.
Und es dauerte nicht lange,
da wandelte die Meinung sich.

Was ist das für 'ne Sprache?
Ein Gequake, das hier keiner kennt!
Das keiner kennt?
Es könnte auch gefährlich sein...
Gefährlich?!
Da setzte schon die Unruhe ein.

„Sein Gequake ist echt merkwürdig:
Weder schön noch hässlich, finde ich."
„Neulich hab' ich ihn am Bach gesehen.
Mit den Mücken soll er sich gut verstehen!"

Uiuiui und Trallala.
Über sein Leben nur Gerede, blablabla.
So interessant und faszinierend er anfangs war,
wurde er bald zu einer drohenden Gefahr.
Die Insektenkröte, ein Geheimspion,
der geschickt wurde,
um die Ruhe zu stören in dieser arglosen Nation.

Niemand wusste,
weil man niemals alles weiß,
dass er nicht gefährlich oder schädlich war
und auch kein Mückenland-Sympathisant.
Er war dort, wo er herkam, als Herr Erich gut bekannt.
Und weil er eine Kröte war,
wurde er Herr Kröt-erich genannt.

No início, curiosa, a sapaiada cautelosa,
ouvia com atenção o coachar diferente do sapão.
E não durou muito,
já mudou a opinião.

Que língua é essa?
Que coacho diferente!
Diferente?
Pode ser perigoso...
Perigoso?!
E assim começou o alvoroço.

'Que coacho mais esquisito.
Nem feio, nem bonito, haja dito.'
'Vi outro dia no riacho,
como bateu papo com um mosquito!'

Ui, ui, ui. Tra-lá-lá.
Era tanto blá-blá-blá sobre a vida do sapão,
que de pitoresco e interessante,
tornou-se uma ameaça ambulante,
um sapo-inseto, espião secreto,
enviado, desde então,
para terminar com a tranquilidade da insipiente Nação.

O que ninguém sabia,
porque nunca tudo se sabe,
era que o elegante anfíbio
não era perigoso, danoso ou pró-mosquistão,
mas um sapo poliglota alemão,
e que de Senhor Hans virou Seu Rã,
porque ninguém conseguia falar seu nome, não.

Er kam in diese Gegend,
weil er von den grünen Blättern hörte,
von guter Luft und klarem Wasser.
In die Landschaft hat er sich sofort verliebt,
weshalb er schließlich blieb.

Er versteckte sich und ging nur selten raus,
wohnte am Bach, direkt am Ufer,
hatte dort ein schönes, großes Haus.
„Herzlich Willkommen!"
stand auf dem Fußabtreter drauf.

Mit seinem Talent für Sprachen
lernte er auf viele Art zu quaken,
und konnte mit den Tieren gut kommunizieren.
Er sprach summ-summ-Mückisch, blub-blub-Fischisch
und zwitscher-zwitscher-Vogelanisch.
Angeblich verstand er sogar quak-quak-Kröt-Japanisch.

Er wusste wirklich allerhand,
war als gelehrte Kröte anerkannt.
Und trotzdem gab es Widerstand,
weil niemand seine Art verstand.

Es gab ein großes Treffen.
Die krötische Gemeinde kam zusammen,
um Meinungen zu sammeln.
Alle besorgten Kröten waren eingeladen,
ihre Fragen vorzutragen.

Kann er uns gefährlich werden?
Frisst er uns die Mücken weg?
Wird sich alles ändern durch sein seltsames Gebärden?
Unser Gequake? Unsre Gesetze?
Unser Gewässer? Unsre Gewächse?

Tinha ido pr'aquelas bandas
por ouvir das folhas verdes, do ar puro e
das águas claras.
E nem precisou ver muita coisa,
pois se apaixonou de cara.

Vivia meio escondido
no lado mais chique do riacho.
Em um casarão bem construído,
onde à porta, no capacho,
estava escrito: Ao meu lar seja bem-vindo.

Com seu talento poliglota,
aprendia os coachos mais diferentes,
além da língua de qualquer bicho gente.
Sabia falar zum-zum-mosquitês, blu-blu peixês
e piu-piu passarinhês.
Diziam até que entendia coá-coá-sapês-japonês.

Seu Rã era um talento!
Um entendedor aplaudido
que logo tornou-se um tormento
por não ser compreendido!

Foi feita uma reunião.
A comunidade sapence organizou uma comissão
para formar opinião.
E assim, cada sapo preocupado
pôde apresentar sua questão.

É um sapo perigoso?
Comerá nossos mosquitos?
Vai mudar tudo com seu jeito esquisito!
Nosso coacho? Nossos costumes?
Nossos riachos? Nosso verdume?

Sie fragten sich: „Was machen wir bloß?"
Alle hatten viel zu sagen,
doch die Angst vorm Fremden war zu groß,
um irgendetwas Kluges vorzuschlagen.

Herr Kröterich wurde also vorgeladen,
um vor den Kröten auszusagen,
denn man hielt ihn, weil er anders war, für schuldig.
Mit seiner feinen Art ergriff er klug das Wort
und erklärte dann geduldig:

„Sehr verehrtes Krötenkomitee,
mein Name ist Herr Kröterich.
Ich liebe Sprachen, bin belesen
und an vielen Bächen dieser Welt gewesen.
Als Krötenprofessor
sind mir die Gesetze gut bekannt.
Ich bin für Neues offen
und allen Wesen freundlich zugewandt.
Bin weder bedrohlich noch gefährlich,
will keine Missgunst oder Feindschaft nähren.
Deshalb bin ich hier ganz ehrlich,
um das Missverständnis aufzuklären.
Ich spioniere nicht,
mische mich nicht ein, modifiziere nichts,
will nichts umgestalten, höchstens mitgestalten,
und ich integriere mich.
Nur eine neue Heimat wünsch' ich mir
und ich hoffe, diese find' ich hier."
Die Kröten sahen sich verwundert an,
zogen sich zurück, um zu beraten.

Era tanto dizer
que não sabiam o que fazer!
O medo do diferente
era maior do que qualquer ideia inteligente.

Seu Rã foi então chamado
para se defender da acusação de diferença.
Com jeito fino e bem-educado
e muita paciência,
tomou a palavra e a tornou sábia.

"Senhores sapos da Comissão,
sou Seu Rã, o sapo alemão.
Falo línguas, escrevo livros,
salto pelos riachos desse mundão.
Sou um sapo professor,
interessado pelo novo,
das leis conhecedor,
amigo de todo povo.
Não sou perigo ou ameaça,
e quero esclarecer mal-entendidos
para evitar qualquer desgraça,
qualquer receio do inimigo.
Não estou aqui para espionar,
me intrometer ou modificar.
Sei me adaptar e não quero nada mudar,
quando muito acrescentar.
Pois só desejo um novo lar,
um lugar para ficar."
A comissão olhou com espanto.
Pensou um minuto e foi para o canto.

Diskutierten ganz geheim
und kamen schließlich wieder rein,
um ihre Ängste und Gedanken auszuquaken.
Herr Kröterich ging auf alle Punkte ein:
auf die Angst vor Neuem und manch aufdringliche Neugierde,
den Verdacht des Bösen und auf Krötheitsfragen allgemein.

Ohne Worte und Argumente
und zunächst noch nicht ganz sicher,
entschied die Krötenkommission dann doch bestimmt,
dass die fremde Kröte bleiben könne,
unter der Bedingung, dass sie sich benimmt
und verspricht nichts zu verändern:
nicht den Bach, nicht das Gras, nicht das Gequake,
und auch nicht die Speisekarte.

Dankbar ging Herr Kröterich davon,
zurück zu sich nach Haus',
setzte sich auf den Balkon
und holte die Gitarre raus.
Bedrückt spielte er ein Lied und dachte nach:
„Nun hab' ich die Erlaubnis, hier zu bleiben,
doch können sie mich wirklich leiden?
Das wird sich mit der Zeit erst zeigen."

Die Zeit verging, das Gerede hörte auf.
Kröte, Krötin, Krötchen,
niemand regte sich mehr auf.
Der Fremde war jetzt nicht mehr unbekannt,
sondern Teil von diesem Krötenland.
Nun wurde er von niemandem mehr angeblickt,
als hätten ihn die Marsmännchen geschickt.

Discutiu em segredo,
e, depois de um tempo,
coachou seus medos e pensamentos.
Para tudo Seu Rã tinha resposta,
do receio da novidade à suspeita de maldade,
da não explicada curiosidade a questões de humanidade.

Sem palavras e argumentos
e ainda certa incerteza,
a comissão anfíbia decidiu com firmeza.
O sapo germânico poderia ficar,
com a condição de se comportar.
Deixar o coach local ser sempre igual,
não mudar o verde, o curso do riacho,
nem o prato principal.

Seu Rã foi-se agradecido.
Em sua casa,
sentou-se na sacada,
pegou sua guitarra e, comovido,
tocou uma canção em tom sofrido.
Sabia que o título de permanência
não significava anuência.
Essa só apareceria com muita paciência.

O tempo passou e o falatório acabou.
Sapos, sapas, sapinhos,
todo mundo se acostumou.
O desconhecido deixou de ser mistério
e tornou-se parte de todo império.
O sapão educado deixou de ser olhado
como um extraterrestre de Marte enviado.

An einem schönen, sonnigen Tag,
nach einem Schwätzchen mit der Schnecke,
klopft es an der Tür:
Klopf, Klopf
Es war Frau Kröte und ihr Sohn Paul Quappe,
der in Quakisch Schwierigkeiten hatte.
Herr Kröterich könnte behilflich sein.
Frau Kröte hatte keine Wahl.
Jetzt war ihr das Geschwätz egal.
Und deshalb stellte sie ihn ein.
Von diesem Tag an
wurde alles anders.
Er klärte Fragen,
half bei Hausaufgaben,
übte Noten,
führte Diskussionen,
in der Kunst des Denkens gab er Unterricht.
Und wurde so Privatlehrer Herr Kröterich.
Und Punkt.

E em um belo dia de sol,
depois de bater papo com o caracol,
bate em sua porta:
Toc-toc
Era dona Sapa e seu filho Girino.
Dificuldades em coachês tinha o menino.
Seu Rã podia ajudar.
E com mais receio da derrota
do que das lorotas,
a sapona resolveu o sábio contratar.
E a partir daquele dia,
tudo pareceu mudar.
O sapão tirou dúvidas,
explicou contas,
ensaiou acordes,
discutiu ideias,
ensinou a arte do pensar.
E virou Seu Rã, o professor particular.
E fim.

Reflex CIÇA CAMARGO | Niki Graça

Bizarres Mädel
Brust aufgesetzter Wagemut
Busen prall aus Silikon
Künstliche Wimpern
15 cm High Heels
Irrtum!
Nur einen Kerl im Kopf
die Ratte
Pelzige Perücke Krautkopf
Sternzeichen Fische
Gastritis Dermatitis
Toter Fötus
in den Eingeweiden
Seltsames Mädel
Sie macht Drecksarbeit
Gezeugt in der Küche
Unkraut, zu nichts nütze
Ihre Kleidung irgendwie
vielleicht Schminke
Bodypainting
Schnitte
copy
paste
Alt geworden
Ranzig, aber ganz zufrieden
Vernascht gesäubert abgenutzt
sagt sie noch Danke
Verschlissen wurde sie zurückgelassen
Nein, das wollte keiner
Dieses Mädel so besonders
mit den beschwingten Wimpern
Sie trägt rot
immer, wenn ich mich so
im Spiegel sehe.

Reflexo CIÇA CAMARGO

Mina bizarra
peito audácia montada
Seios sãos de silicone
postiços postos
salto 15
Falácia!
Na cabeça um único gato
o Piolho
Peruca peluda um repolho
É de peixes
tem cistites cicatriz
Embrulhado nas entranhas
feto morto
Mina estranha
Trabalha sujo
Foi gerada na cozinha
dizem que é daninha
Se veste ao acaso
talvez se pinte
se desenhe
se corte
se copy
se paste
Envelhecida
próspero ranço
Agradecida foi comida
lavada usada
Eles a deixaram esfolada
Não era o que queriam
Mina essa rara
Pestanas aladas
Veste vermelho
sempre que me vejo
assim no espelho.

Hälfte CIÇA CAMARGO | Niki Graça

Einmal vergesslich,
vergaß ich mein halbes Ich mitten in einem Mann.
Unglaublich, doch ich lebte weiter so, als ob dies So
genau so wäre, wie's sein sollte.
Schon gewöhnt ans weniger Sein,
war mir nicht klar, dass ein Stück fehlte,
eine ganze Hälfte.
Es war ein halbes Ganzes.
Da wandte sich die bessere Hälfte meiner Hälfte an mich:
Wo hab ich mich verloren? Wo nur hab ich mich verkrochen?
Suchend fand ich weder ein Drittel der Hälfte,
noch eine Spur der Hälfte mittendrin,
noch den Mann.
Beschämt vergaß ich, was ich suchte.

Metade CIÇA CAMARGO

Uma vez esquecida,
esqueci metade do meu eu no meio de um homem.
E o incrível é que fui vivendo assim, como se esse assim,
fosse assim que devesse ser.
Já acostumada em ser menos,
não lembrava que faltava um pedaço,
uma metade inteira.
Era meio completo.
Foi quando a minha cara metade da metade me encarou:
Onde foi que eu me deixei? Onde meio que eu me enfiei?
Buscando, não encontrei nem um terço da metade,
nem rastro da metade do meio,
nem o homem.
Envergonhada, esqueci o que buscava.

Trauer CIÇA CAMARGO | Niki Graça

Ich ginge weg aus diesem Leben ohne Schutz,
verginge ohne Glanz
mit Glitzer in den Nasenlöchern
und Rückadresse in der Hand.
Gestürzt, entblößt und hingestreckt.
Der magere Rest eines miesen Furunkels
mit Pflaster auf der Wulst.
Meine Augen dunkeln hell.

Warum nur,
wo ich doch deine Hüften nie von meiner Scham gestoßen habe?
Wo doch die Störche immer sagten, sie kämen ...
Sie sprachen mir nie von Problemen.
Mit deinem Antrag wuchsen meine Illusionen.
Doch nein, nicht in Berlin, nicht in Madrid bin ich niedergekommen.
Nie versiegte bei mir die Trauer, die Sehnsucht nach dem, was nicht kam.
Nicht liebenswert zu sein ist meine Angst.
Wie eitel, mit den Füßen klatsche ich Applaus.

Ohne Gewicht, große Schramme, blaues Auge,
zerschlagener Körper, gepeinigter Kopf. Ich rief ein Taxi.
Mein Schädel sabberte. Ich bedankte mich nochmals,
bat um Entschuldigung, stieg in der Wirklichkeit aus, verwirrt.
Nichts verstand ich von diesem verquasten Latein,
von stummen Gesten, all den Zeichen eines rüden Superlativs.

Ich lag noch im Sterben.
Aus meinen Ohren kam Schutt.
Müde Klänge traten ein.
Und der Knoten in der zugeschnürten Kehle.

Ich. Dort. Fast dahin.
Ich scheitere, ich sündige.
Den Schmerz, nicht mehr zu sein, vertrieben.
Doch war da noch Empörung über den Verlust.
Erledigt, halte ich dagegen, kürze ab, die Wirklichkeit verdichtet sich.
Verloren steh ich da, von Dreistigkeit umgeben.
Auf der Seite liegend, den Bauch, den Tanz zur Schau gestellt,
die Liebe abgelegt, schließ ich einen neuen Vertrag
mit denen, die zurückrudern.
Ein endloser Beginn.
Ich werde wiedergeboren in dem Kind, das nicht in mir
gewachsen ist.

Luto CIÇA CAMARGO

Eu saía dessa vida sem proteção,
esvaía-me sem glamour,
com purpurinas nas narinas e
endereço de volta na mão.
Caída, desnuda e rasa.
Raro rastro de um furúnculo chulo
com emplastro no calóide.
Meus olhos escurecem claros.

Mas como,
se não afastei seu culote de minhas vergonhas,
se as cegonhas sempre disseram que viriam?
Nunca me alertaram para o não.
Reforçou-me essa ilusão o pedido da minha mão.
Mas não, não pari nem em Berlin nem em Madrid.
Nunca mais perdi o luto, saudades do que não veio.
Receio não ser um ser amável e
Aplaudo com os pés essa vaidade.

Sem gravidade, um arranhão, soco no olho,
carne moída, um cascudão. Chamei um táxi.
Meu crânio babava. Agradeci mais uma vez,
me desculpei e desci ali na realidade, despistada.
Não entendia nada daquele latim acochambrado,
a mímica dos calados, todos os sinais do superlativo bárbaro.

Eu ainda estava morrendo.
Saíam-me entulhos dos ouvidos.
Entravam sons cansados.
E o nó no gogó entumecido.

Eu. Ali. Já era.
Perco e peco.
A dor do já não ser, ejetada.
Mas ainda existia solta a revolta da perda.
Deletada, retruco e encurto o caminho, a realidade emplaca.
Estava perdida tendo a petulância como aura.

Virada de lado, exposta a pança e a dança,
despida de amor, imprimo um novo contrato
com aqueles que remam de volta.
E assim, início sem fim.
Renasço no filho que em mim
não veio.

Toc CARLA BESSA | Michael Kegler

Ich wache auf. Öffne ein Auge. Okay, sage ich, okay, gleich, sofort. Stehe auf. Von der Straße her kommt ein Geräusch, toc toc toc toc toc, Einschläge ins Straßenpflaster, aufbrechen, was längst zerbrochen ist. Reparaturen. Das Konzert suburbaner Klänge. Lärm und Wut. Viel los auf der Straße, viele Lastwagen. Toc toc toc toc. Ich wasche mir das Gesicht, putze die Zähne. Toc toc. Okay. Nachsehen: Es ist nicht die Stadt, es ist Luis, der Sohn von Rosário, meiner Nachbarin. Arme Leute. Er lebt mehr oder weniger in den Tag hinein. Doch er schämt sich, versucht, sich nützlich zu machen. Toc toc toc toc. Scheißgeräusch. Toc toc toc toc toc ... Toc toc toc toc toc ... Vielleicht will er mich nur auf sich aufmerksam machen toc ... toc toc toc toc
   Der Hammer schlägt auf den Meißel.

Ich stelle mir Rosário vor, wie sie sich in ihrem Haus für die Arbeit zurechtmacht. *Der ist seit Monaten schon kaputt, dieser Bürgersteig, die ganzen Schlaglöcher, das ist gefährlich*, brüllt sie toc toc. Rennt hin und her, will schnell machen, toc toc ... ... toc toc. *Au!*, schreit Luis. Der Finger.

Ich gebe Pilão Extraforte in die italienische Espressokanne. Stelle sie auf meinen neuen sechsflammigen Herd. Rosários Gasherd hat nur vier Flammen und ist alt. Ich arbeite zuhause. Bin Lektor und Schriftsteller. Rosário sitzt an der Kasse im Supermarkt. Ich arbeite, wann ich will, hege und pflege das Nichtstun und meinen freizügigen Lebensstil, und sie nennt mich Herr Doktor. Wie man sich denken kann, verdiene ich damit nicht viel. Aber zur Miete zu wohnen und mir faul die Eier zu schaukeln, das ist meine Wahl. Toc toc toc toc. Rosário hat keine Wahl. Rosário arbeitet zweiundvierzig Stunden die Woche und was sie hegt und pflegt, ist ein Gemüsegarten hinter dem Haus. Wie wenig sie verdient, will man sich gar nicht vorstellen. Hauptsache ein eigenes Häuschen, dafür macht sie sich krumm. Toc toc toc toc. *Dieser Krach macht mich wahnsinnig, ich komme*

zu spät, ich darf diesen scheiß Job nicht verlieren. Sie verzichtet darauf, sich zu schminken, *wozu auch? Bei dieser verdammten Hitze schwitzt man sich doch tot im Bus. Und wird von den Männern noch angegrabscht!*

Ich schlürfe meinen Kaffee und denke über Rosário nach. Stelle mir vor, wie sie Kaffee trinkt. Nicht Extra Forte und auch nicht aus der Espressokanne. Rosário macht Kaffee direkt in der Kanne mit einem Kaffeesieb. Schön schwach, um nicht zu viel Kaffeepulver zu verbrauchen. Kostet ein Heidengeld. Er schmeckt ihr auch so. Mit einem Schuss heißer Milch. Sie kocht die Milch, aus Angst, sie könnte sauer sein. Rosário hat vor vielem Angst. Vor Einbrechern, Dengue, Aids. Rosário glaubt, saure Milch könnte Aids übertragen. Rosário ist eine hübsche Frau, aber am Ende. Wird langsam dick. Nicht mehr lange, dann hängt alles an ihr runter. Noch geht es. Aber Rosário geht nicht mit jedem, von wegen! Sie zieht enge Hosen an und schminkt sich, *aber von Männern will ich nichts wissen, nee. Von Männern und von saurer Milch kriegt man Aids.* Sagt der Pastor. Der Pastor sagt auch, dass nur die Bösen Aids kriegen. Besessene.

Ich zwänge mich nicht in enge Hosen, aber dafür lasse ich auch nichts anbrennen. Ich mag Buttermilch. Und Angst habe ich keine. Toc toc toc toc toc.

Apropos anbrennen, mit Rosário geht es fast immer ums Kochen. Rosário kocht sehr gut, aber dass ich koche, findet sie seltsam. Genau genommen findet sie es weder gut noch richtig. Am Anfang fand sie es noch nett. Bis der Pastor irgendwann sagte, *ein Mann, der selbst in der Küche steht und sich um Kinder kümmert oder irgendeine andere Frauenarbeit tut, wird womöglich homosexuell.* Und: *Homosexualität ist eine Krankheit, die Männer bekommen, wenn sie Dinge tun, die früher nur Frauen tun durften.* Seitdem stellt Rosário Luis sein Essen immer schon fertig hin. Steht um fünf auf, um noch vor ihrer Arbeit sein Essen zu machen. Zumal Luis sowieso schon immer *ein bisschen anders als andere war. Zart, sensibel, wissen Sie?* Luis braucht sich das Essen dann nur noch warm zu machen. In der Mikrowelle. Ich habe Rosário meine Mikrowelle geschenkt. Sie hatte ja keine. Als Luis noch kleiner war, wärmte er sich sein Essen immer bei mir auf, in meiner Mikrowelle. Rosário hatte mich darum gebeten, ich tat das gern. Einmal, er war mitten in der Pubertät, 15, 16 Jahre alt, da kam er sein Essen aufwärmen; ich hielt gerade mein Mittagschläfchen. Toc toc toc toc. Ich schlafe immer in Unterhose. Toc.
    Naja.
    Toc toc toc toc.
    Wie gesagt, war Luis immer schon anders als die anderen Jungs. Sanft. Sehr sanft. Und er kocht gern.
    Toc toc toc toc toc.

Seitdem kam er immer zum Mittagschlaf. Das läuft schon zwei Jahre so. Rosário ist eine sehr gläubige Frau. Einmal sagte Luis Toc toc toc toc toc, er würde gern Koch werden. Rosário zerrte ihn in die Kirche. *In der Kirche werden sie ihm diesen Teufel schon austreiben,* sagte sie. Luis weinte in der Kirche. Luis weint viel seitdem. *Das ist der Leibhaftige,* sagt Rosário. Sie fing an Luis zu schlagen, denn ein Mann weint nicht. Er ist viel größer als sie, aber er traut sich nicht, zurückzuschlagen. Toc toc toc toc. Und je weniger er sich wehrt, umso heftiger schlägt sie ihn. Luis liebt Rosário, seine Mutter. Rosário liebt Luis. Darum schlägt sie zu.

Früher brachte Luis mir manchmal seine Schulaufsätze zum Korrigieren. Ein guter Schüler. Jetzt geht er nicht mehr zur Schule. Aus Angst. *Sie lauern mir vor der Toilettentür auf. Machen mich fertig, zwingen mich zu -. Ich weiß nicht mehr, was ich machen soll. Ich kann nicht mal mit Mutter drüber sprechen, ich kann mit niemandem darüber sprechen. Nur mit dir.* Toc toc toc toc toc.

Rosário hat in der Telenovela gesehen, wie sich zwei Männer küssen, und gesagt, *wie ekelhaft, wenn einer von denen mein Sohn wäre, würde ich ihn umbringen.*

Luis macht hin und wieder kleine Reparaturen bei mir. Inzwischen hat er angefangen, mit mir Marihuana zu rauchen. Kommt, um die Dusche in Ordnung zu bringen. Duscht bei der Gelegenheit selbst. Duscht mit mir.

Rosário bittet mich immer, ein Auge auf Luis zu haben. Na klar, sage ich. *Die Waschmaschine ist gerade kaputt gegangen, ob Luis nicht vielleicht ...?*

Toc toc toc toc toc. Ich trinke meinen Kaffee aus und trete auf die Veranda. Sehe, wie Luis auf den Bürgersteig einhämmert, in kurzen Hosen, ohne Hemd. Er lächelt mir zu, dieses traurige Lächeln, und ich bekomme sofort einen Steifen. Toc toc toc toc toc.

Toc toc toc. Ich stelle mir Rosário vor, ungekämmt, wie sie hastig ihren Kaffee austrinkt und das Brot von gestern mit Butter verschlingt. Das Brot fällt runter, auf ihr Supermarkt-T-Shirt, und hinterlässt Flecken. *Scheiße!* Sie reibt mit einem Schwamm darüber. Merkt, dass der Schwamm alt ist, eklig. Beginnt wieder zu schwitzen. Schüttelt sich. Betrachtet ihren Hintern im Spiegel. Knackig. Bindet sich die Haare zu einem toc toc toc

Pferdeschwanz, zieht schon im Gehen ihre Sandalen an, stolpert, stampft mit dem Fuß auf, tum, wütend, das Hühnerauge auf dem linken Knöchel pocht, *au,* toc toc. Toc toc toc to –
  plötzlich Bremsen, ein Schlag. Reifen quietschen. *Luis?*

Luis starb im Morgengrauen, überfahren von einem Lastwagen–. Die örtliche Polizei geht von Selbstmord aus. In einem Schreiben im Internet begründet der Siebzehnjährige seinen Entschluss mit seinem Leiden am Unverständnis seiner Familie.

Das toc toc toc hat aufgehört.

Toc CARLA BESSA

Acordo. Abro o olho. OK, me digo, OK, já vou. Levanto. Ouço um barulho na rua, toc toc toc toc toc, estaca batendo em calçamento. Requebrando o quebrado. Conserto. Concerto de ruídos (sub)urbanos. Sons e fúrias. Rua movimentada, muito caminhão. Toc toc toc toc. Lavo o rosto, escovo os dentes. Toc toc. OK. Olho: não é da prefeitura, é Luis, filho da Rosário, a vizinha. Pessoal pobre. Ele, meio à toa o dia inteiro. Mas tem vergonha. Tenta se fazer de útil. Toc toc toc toc. Barulho chato. Toc toc toc toc toc... Toc toc toc toc toc... Vai ver quer chamar a minha atenção toc ...toc toc toc toc
   O martelo batendo na estaca.

Imagino Rosário, lá dentro da casa, vestindo-se para o trabalho. Grita: *tá quebrada há meses, a calçada, um perigo esses buracos,* toc toc. Corre de um lado para o outro. Se apressa, toc toc..........toc toc. *Ai!,* grita Luis. O dedo.

O Pilão Extraforte, ponho na cafeteira italiana. Acendo o meu fogão novo de seis bocas. O fogão da Rosário é de quatro bocas e velho. Eu trabalho em casa. Sou revisor de textos e escritor. Rosário é caixa no hipermercado. Eu faço meu horário, cultivo o ócio e a libertinagem e ela me chama de doutor. Como era de se esperar, ganho mal. Mas viver de aluguel e coçar o saco para mim é opção. Toc toc toc toc. Rosário não tem opção. Rosário trabalha 42 horas por semana. Cultiva uma hortinha no quintal. Ganha muito mal, como não se deveria esperar. Prefere se estrepar, mas possuir casa própria. Toc toc toc toc. *Essa*

barulheira me enlouquece, vou chegar atrasada, não posso perder esse emprego de merda. Resolve não passar maquiagem, *também, pra quê?, com esse calorão dos infernos é um suadouro danado no ônibus. E os home ainda se esfregando na gente!*

Sorvo o café devagar e fico pensando em Rosário. Imagino Rosário tomando café. Não é extraforte nem de cafeteira italiana. Rosário bebe café de coador direto no bule. Bem fraco pra não gastar muito pó. Que tá o olho da cara. E também porque é assim que Rosário gosta. Com um pingo de leite quente. O leite ela ferve porque tem sempre medo de estar estragado. Rosário tem medo de um monte de coisas. De ladrão, de dengue, de Aids. Rosário acha que leite estragado pode dar Aids. Rosário é uma mulher muito bonita, mas tá se acabando. Tá engordando. Daqui a pouco cai tudo. Por enquanto ainda dá. Mas Rosário não dá pra qualquer um, não. Ela põe calça arrochada e se pinta toda, mas *não quero saber de homem, não. Homem e leite estragado dão Aids.* O pastor disse. O pastor disse também que Aids é coisa de gente ruim. De gente possuída.

Eu não ponho calça arrochada, mas dou mais que chuchu na serra. E gosto de coalhada. Tenho medo, não. Toc toc toc toc toc.

Aliás, falando em chuchu, meu assunto com Rosário é sempre culinária. Rosário cozinha muito bem, mas acha meio estranho eu gostar de cozinhar. Na verdade, não acha bom nem certo. Primeiro ela achava até bonito. Mas aí o pastor disse que *"Um varão que cozinha, cuida dos filhos ou realiza qualquer outra tarefa própria da mulher corre graves riscos de adoecer com homossexualidade".* Ele disse ainda: *"A homossexualidade é uma doença que os homens podem contrair se realizarem práticas que antes eram consideradas responsabilidade exclusiva das mulheres".* Desde então Rosário sempre deixa a comida para o Luis pronta. Ela acorda às cinco da madruga para fazer a comida antes de ir pro trabalho. Ainda mais que o Luis sempre foi *um menino um pouco diferente dos outros. Meio fraquinho, sensível, sabe?*. O Luis agora só precisa esquentar a comida. No micro. Eu dei o meu micro-ondas pra Rosário. A Rosário não tinha micro. Quando o Luis era menor, ele esquentava a comida aqui no meu micro. Rosário pedia, eu deixava. Uma vez, ele estava em plena adolescência, 15 pra 16 anos, veio esquentar a comida enquanto eu estava tirando uma soneca. Toc toc toc toc. Eu durmo só de cueca. Toc. Pois é.

    Toc toc toc toc.

    Como eu disse, o Luis sempre foi um menino diferente dos outros. Dócil. Gosta de cozinhar.

    Toc toc toc toc toc.

Passou a vir sempre na hora da soneca.

Isso já tem dois anos. Rosário é uma mulher muito crente. Luis Toc toc toc toc toc disse que queria ser cozinheiro. Rosário arrastou ele para a Igreja. *Na igreja vão tirar esse demônio dele*, disse Rosário. Luis chorou na igreja. Luis tem chorado muito desde então. *É o tinhoso*, diz Rosário. Ela começou a bater no Luis porque homem não chora. Ele é muito maior que ela, mas não tem coragem de revidar. Toc toc toc toc. E quanto menos ele revida, mais ela bate. Luis ama Rosário, sua mãe. Rosário ama Luis. Por isso bate.

Luis costumava trazer umas redações da escola pra eu corrigir. Bom aluno. Agora não vai mais à escola. Tem medo, *ficam me esperando na porta do banheiro. Me humilham, me obrigam a. Não sei mais o que fazer. Não posso nem falar pra mãe, não posso falar pra ninguém. Só pra você. Só você.* Toc toc toc toc toc.

Rosário viu na novela dois homens se beijando, disse, *que nojo, se fosse filho meu eu matava.*

Luis passa a fazer uns servicinhos de eletricista pra mim. Começa a fumar maconha comigo aqui na minha casa. Vem consertar o chuveiro. Aproveita e toma banho. Aproveita e me dá banho.

Rosário pede sempre pra eu ficar de olho em Luis. Tá, eu respondo.
Agora foi a máquina de lavar que pifou, será que o Luis não podia...?

Toc toc toc toc toc. Acabo o café e vou até a varanda. Vejo Luis martelando a calçada de short, sem camisa. Ele sorri pra mim aquele seu sorriso triste e eu fico de pau duro na hora. Toc toc toc toc toc.

Toc toc toc. Imagino Rosário, destrambelhada, terminando o seu café e engolindo um pão dormido com manteiga. O pão cai sobre a blusa do uniforme e

mancha. *Merda!* Passa uma esponja por cima. Nota que a esponja tá velha, um nojo. Começa a suar de novo. Estrebucha. Depois, olha a bunda no espelho. Gostosa. Prende o cabelo num rabo toc toc toc de cavalo. Põe a sandália andando, tropeça, bate o pé no chão, tum, de raiva, o calo do calcanhar esquerdo lateja, *ai,* toc toc toc ....toc toc. Toc toc toc to –_ de repente, um baque, pneus cantando. *Luis?*

L. morreu na madrugada, atropelado por um caminhão em –. O caso é investigado pela polícia local como suicídio. Em carta publicada na internet, o adolescente de 17 anos aponta os anos de sofrimento causados pela não aceitação dos familiares como motivo para a sua morte.

O toc toc parou.

Oh! Unbändige Liebe UDO BAINGO | Michael Kegler

Burdon war ein wahrer Magier, und die Einsamkeit war sein Gefährte. Mehr wollte er nicht. Die Arbeit als Zauberkünstler ermöglichte es ihm, als Magier leben zu können. Reich zu werden war wichtig für ihn, und er hielt sich gern in der Nacht in der Stadt auf, so wie er sich tagsüber am liebsten in die Wälder zurückzog.

An jenem Tag sprang der Magier aus der Metro und grüßte eine junge Frau: „Hallo, wie geht es? Und John? Grüße von mir, ja?

Die wortlose Reaktion der kleinen Marjorie, ihr Versprechen, die Grüße auszurichten, die sich wieder schließende Waggontür, die Metro, die weiterfuhr, all das geschah, während Burdon sich übertrieben verbeugte, in der Hand den Zylinder, aus dem das Kaninchen erschien.

An diesem Abend war Vorstellung. Das Haus würde ausverkauft sein. Der Zauberkünstler hatte einige neue Tricks einstudiert und für den Fall, dass sie nicht glückten, noch einige Nummern mit dem Kaninchen auf Lager. Echte Magie funktioniert immer, dachte er.

In Marjories verschwommenem Blick mischten sich die letzten Szenen mit den Umrissen anderer, unbedeutender Dinge im unterirdischen Tunnel der Metro. Burdon! Ihr fiel sein Name ein und sie erwachte aus dem Traum, den sie wach geträumt hatte. Sie erinnerte sich an Einzelheiten,

vor einem Monat, in der Kneipe, die Blicke. Sie tranken Apfelwein, mit ein paar Freunden. Als die dritte Runde auf dem muskulösen Unterarm der Bedienung kam, war das Kaninchen aus Burdons Zylinder gesprungen, was allgemeinen Applaus auslöste. Die Geräusche von den umliegenden Tischen übertönten ihre Stimmen. Niemand achtete auf die beiden. Später sah man eine Gruppe angetrunkener junger Leute sich mit großem Hallo verabschieden. Darunter sie beide, Burdon und Marjorie. Das fröhliche Lachen hallte durch die braunen Alleen und Höfe. Ausgelassenheit und tanzende Körper im Licht der Nacht. Und heute, was war geblieben? Erinnerungen an John? Was weiß dieser Idiot von Zauberer denn, dass ich mit John nie zusammen war? Ach, Marjorie! Die Unentschlossenheit war größer als alles andere an Burdon.

Es war am Morgen und er war gerade beim Frühstück. Sie entdeckte ihn und ihr war, als käme er heran wie ein Geist. Als er Marjorie vorbeigehen sah, grüßte er: „Hallo? Wohin gehst du? Und John?" Nach einem kurzen Moment sagte sie, über John wisse sie nichts, sie sei nicht seine Freundin und es nie gewesen. Burdon entschuldigte sich und verstummte. Er hielt nichts von Dialogen und ließ Marjorie stehen. Verschwand, ohne ein Wort. Es war noch früh am Tag. Man sah Marjorie ihm folgen. Vielleicht einen morgendlichen Schatten entfernt, entlang der Höfe der Universität und an größeren Bäumen vorbei? Sie spielte mit Worten und versuchte zu erraten, welche Richtung er nehmen würde. Sah, wie das Kaninchen ihr winkte. Gedichte flirrten, goldene Melodien durch Schatten und Andeutungen sonniger Tage in englischen Gärten.

Vor lauter Spiel ging ihr der Geliebte an einer Ecke verloren. Es war schon spät, als sie erneut spürte, dass sie ihn liebte. Unsichtbar rief der Magier aus, er würde für immer bei Nacht leben, und er bat Marjorie, diese Art von Magie von ihm fernzuhalten. Er hatte für sich entschieden, dass Liebe nicht mit Magie vereinbar war, und überdies die Liebe einen Künstler, der auf sich hielt, nur behinderte. Sie suchte nicht mehr nach ihm, zog sich still zurück und weinte: erschöpft, ging ihr Atem langsam, dann gleichgültig.

Träume und Wirklichkeit mischten sich ohne Unterschied. Sie wusste nicht mehr, ob es schon Tag wurde oder noch Nachmittag war, als sie ihn das letzte Mal gesehen hatte. Wusste nicht, wo sie sich auseinandergelebt hatten. Dachte auch nicht über den Grund nach. Sie war nur Wollen. Und manchmal Revolte.

Scheinwerfer kreisten zur Vorstellung des Zauberkünstlers Burdon. Einstudierte Schritte, Auftritt, die Hände geschickt und blitzschnell, Bewegungen, die niemand entschlüsseln durfte. Die ersten Nummern gelangen, trotz Aufregung. Dann, bei der fünften, ein Zwischenfall. Dann, ein Patzer. Alle in der ersten Reihe hatten es bemerkt. In seiner Not griff er auf die Nummer mit dem Kaninchen zurück. Funktioniert immer, dachte er. Doch diesmal, Pech. Wie staunte er, als er das Kaninchen nicht in seinem Hut fand. Die Zauberkraft hatte ihn verlassen, und aus dem Publikum kamen Buhrufe. Schon hörte er das Gezeter des Chefs und verschwand. Raus mit dir, du erbärmlicher Taschenspieler!

In Marjories Zimmer, duftende Steine, beruhigendes Licht und ein Soundtrack aus Zeichentrickfilmen. Das Kaninchen wartete einen Moment, ob es erkannt würde, so versteckt kam es sich vor in der Mauer aus Kuscheltieren. Schließlich zwickte es Marjorie und machte so auf sich aufmerksam. Es sprang aus dem Fenster, und sie folgte ihm durch die Gassen und Straßen von Soldempdon, Metro und Omnibus, die Leute schimpften hinter ihr her, pass doch auf, wo du hinrennst, bis sie im Wald war.

Es war Mittag, und auf einer Lichtung beklagte Burdon den Verlust des Kaninchens, als er sie erkannte. Sie legte sich zu ihm, er schmiegte seinen Kopf an ihre Schulter. Sie streckten die Arme aus, ihre Hände berührten sich und spielten mit den Sonnenstrahlen. Über ihren Köpfen rankten sich nun die Blüten und Zweige eines Füllhorns.

Oh! Amor irreverente UDO BAINGO

Burdon era mago de verdade e tinha a solidão como par. E nada mais queria. O trabalho como mágico lhe dava o dinheiro necessário para poder ser mago. Achava importante enriquecer e gostava de estar de noite na cidade. Assim como preferia recolher-se aos bosques, de dia.

Naquele dia, o mago saltou do metrô e saudou uma moça: "Olá, como vai? E John? Mande recordações a ele, sim?"

A reação atônita da pequena Marjorie, a promessa de dar as lembranças, a porta do metrô fechando-se, este continuando sua rota: tudo isso aconteceu diante das reverências exageradas de Burdon, na mão a cartola, na qual o coelho aparecia.

Era dia de apresentação. A casa estaria lotada. O mago estudara novos truques e, para o caso desses não darem certo, guardara outros números rápidos para executar com o coelho. Magia verdadeira sempre vinga, pensou.

Na vista mareada se misturavam as últimas cenas com as coisas sem importância que passavam no túnel subterrâneo do metrô. Burdon! Ela se lembrou de seu nome e acordou do sonho que sonhava acordada. Lembrou-se então dos detalhes: há um mês, no boteco, troca de olhares. Bebiam vinho de maçã junto aos amigos. Quando a terceira rodada de copos vinha no antebraço musculoso da garçonete, o coelho saltou da cartola de Burdon, ganhando os aplausos de todos. Os ruídos das mesas cheias cobriam suas vozes. Ninguém reparou nos dois. Mais tarde, um grupo de jovens alcoolizados seria visto saudando-se com muita festa. Entre eles, Burdon e Marjorie. A risada alegre dela ecoava pelas aleias e pátios marrons. Bem-querer e os corpos dançando à luz noturna. E hoje, o que sobrou disso tudo? Recordações a John? Mal sabe esse mago idiota que John nunca foi meu namorado. Ah, Marjorie! A indecisão era maior que tudo em Burdon.

Era manhã e ele estava a tomar o desjejum. Ela o viu e sentiu aproximar-se dela como um fantasma. Vendo Marjorie passar, cumprimentou-a: "Olá? Onde vai? E John?" Depois de um momento, ela disse ser impossível falar de John, não seria sua companheira, nem nunca havia sido. Burdon pediu desculpas, emudecendo. Não gostava de diálogos e deixou Marjorie. Fugiu, sem nada dizer. Era de manhã. Marjorie foi vista atrás dele. Talvez uma sombra matutina distante dele, por entre pátios universitários e árvores grandes? Ela brincava com palavras, prevendo qual direção ele tomaria. Via o coelho chamando-a. Poemas arpejavam em melodias douradas pelas sombras e nuances de dias de sol vividos em jardins ingleses.

De tanto brincar, numa esquina perdeu o amado. Já era tarde quando sentiu mais uma vez que o amava. O mago, invisível, proclamou que viveria sempre à noite e desejou que Marjorie fizesse magia neste estilo longe dele. Sentenciou a si que magia não combinava com amor e que, ademais, amor só atrapalhava o artista que se preza. Ela nem o procurava mais e ficou no seu canto, a chorar: de ofegante sua respiração se tornou lenta, indiferente.

Sonhos e realidade se mesclavam sem haver diferenças. Ela não sabia mais se era amanhecer ou fim de tarde quando o havia visto pela última vez. Não sabia onde foi que se desencontraram. Não pensava nem na razão. Ela era só vontade. Às vezes, revolta.

Holofote girando na apresentação do grande mago Burdon! Entraram os passos estudados, suas mãos estavam rápidas e sagazes, seus movimentos não podiam ser desvendados. Nos primeiros números, apesar do nervosismo, tudo correu bem. Então, no quinto número, um pequeno imprevisto. Depois, um escorregão. O mago percebeu que praticamente todos da fileira da frente o notaram e, perplexo, apelou para os "truques do coelho". Sempre dão certo, pensou. Mas desta vez, ó azar!, qual foi sua perplexidade, não achando o pequenino na cartola! A magia lhe disse adeus e a plateia era só vaias. Logo ouviu as queixas do chefe e se foi. Pro olho da rua, seu mago de araque!

No quarto de Marjorie, pedras perfumadas, iluminação sutil e trilha sonora de desenhos animados. O coelho demorou a ser reconhecido, parecendo se esconder na parede de bichos de pelúcia. Por fim, conseguiu chamar a atenção, mordiscando Marjorie. Saiu janela afora e ela o seguiu pelas travessas e ruas de Soldempdon, dentro do metrô e do ônibus, o povo a chamando, louca-olha-por-onde-anda, até chegar num bosque.

Era meio-dia e, numa clareira, Burdon lamentava a perda do coelho, quando a reconheceu. Ela se deitou ao seu lado e ele se ajeitou sobre seu ombro. Esticaram os braços e suas mãos se tocaram, brincando com os raios do sol. Apenas de uma cornucópia cresceram flores e ramos sobre suas cabeças.

Persönliche Szenen einer familiären Vergangenheit LUCIANA RANGEL | Marianne Gareis

Er kam zur Welt, weil er zur Welt kommen musste. Und weil seine Existenz nicht mehr in den Leib der Mutter passte. Nach diesem unvermeidlichen Ereignis lebte er in seiner Wiege, in der Wohnzimmerecke, zwischen Sofa und Esstisch.

Er war kein pralles Baby, aber er war auch nicht hässlich. Mager und still war er. Mit den vielen Kindern im Haus vergingen die Tage, und wichtig war allein, die Tiere und Menschen zu ernähren, die dort Unterschlupf fanden, und die Frage, ob das Wetter sich zum Pflanzen oder zum Ernten eignete.

Das Haus lag in einem warmen Land und war mit Reichtümern gesegnet. Es gab zwar kein Badezimmer, doch einen Gartenschlauch, einen Mango- und einen Jabuticaba-Baum, eine Bananenstaude und ein Feld, aber kein Geld.

Ruhige Menschen waren das, die nicht nach Bösem trachteten. Wer tot ist, ist tot, was weg ist, ist weg. Gibt's was zu essen, ist's gut, gibt's nichts, dann eben nicht.

Das Haus, der Sand, die Dünen und die Mangrovenwälder, alles verwebt mit Flüssen und Seen, das ergab fast einen Kontinent. Doch der Alltag der Menschen umfasste nur wenige Kilometer, zehn vielleicht. Die einen brauchen mehr, die anderen leben mit weniger. All das ist ein großes Werk, denn auch das Leben ist eine Kunst, erfasst in Dokumenten.

Das Kind wuchs heran, weil es alle Krankheiten überlebte, das einfache Essen, die falschen Impfungen, die nur aus Wasser bestanden, ein schlechter Scherz auf dem Totenbett so vieler Josés und Marias, die bis heute nicht wissen, woran sie gestorben sind.

Es war Leben, ein Junge in zerschlissenen, zu engen Kleidern, mit einem Bleistift zum Schreibenlernen. Friedliebend, verwahrte er in der Brust

die Verletzung durch äußere Stimmen, die echt sind, wenn man daran glaubt, und dabei sind es nur von anderen Leuten hervorgebrachte Laute.

Die Schule, die die Kinder aus der Gegend besuchten, war ein Palast, verglichen mit der eigenen Behausung. Dort lernte man mit leerem Magen Latein und Französisch, erträumte sich eine bessere Geschichte. Die Mutter, Analphabetin, glaubte an das Lernen, und immer wieder fiel ihr Satz, der selbst in die Köpfe der Urenkel Eingang fand: „Geh in die Schule. Und nur wenn du dich schlecht fühlst, komm wieder nach Hause."
   Das Lernen musste zur Gewohnheit, die Scham über die zerschlissenen, zu engen Kleider und den Bleistiftstummel überwunden werden. Auf

der Armutsskala gibt es unendlich viele Abstufungen. Doch der größte Feind ist nicht der Hunger. Der Hunger ist einfach da, wie alle Entbehrungen, doch wie Löwen müssen das Gefühl der Demütigung und die Scham jeden Tag aufs Neue gebändigt werden. Das Unbehagen der Armut ist allgegenwärtig. Wie sollte man auf den Straßenfesten ein hübsches Mädchen zum Tanzen auffordern? Nachts träumte er von neuen Heften, Büchern und anderen Lernmitteln, unzugänglich für alle, die in Armut leben.

Mit dem Jungen wuchs auch das Land um ihn herum. Die Mutter wurde alt, die Geschwister flogen aus, er hatte die Oberschule beendet und eine Anstellung als Laufbursche gefunden. Er sammelte Bücher in der Nationalbibliothek ein und kehrte abends ins Haus der Mutter zurück. Mittags aß er in der Mensa, und mit jedem Bissen schluckte er die Angst hinunter, erwischt zu werden, schließlich durfte er dort gar nicht sein. An einem dieser Tage wurde ein junger Mann umgebracht, und die Mensa blieb geschlossen. Er bedauerte den Tod des Jungen, doch noch mehr, dass er seinen Gürtel ein Loch enger schnallen musste.

Er ging mit der Mutter in die Kirche, aber nur, um ihr Gesellschaft zu leisten. An Gott glaubte er nicht, er vertraute auf sich selbst. Sein Chef hielt ihn für einen klugen Kerl und ließ ihn einen Schreibmaschinenkurs machen. Danach einen weiteren Kurs und noch einen für etwas, das es heute wohl kaum noch gibt. „Mein Junge, in São Paulo wird gerade so ein Gerät eingeführt, lern, damit umzugehen." Also lernte er, ein Ungetüm zu bedienen, das zwei Büros einnahm. Heute passt es in eine Handtasche.

Er fuhr ohne Jacke los und zitterte vor Kälte. Eines Tages kam er zum Kurs, und auf seinem Platz lag ein mit braunem Papier eingewickeltes Päckchen. Dazu ein Zettel: „Carioca, jetzt musst du nicht mehr frieren. Schön, dass du hier bist, alles Liebe, die Kollegen aus dem Kurs."

Die Zeit verging und ließ sich mit zahlreichen Postkarten an die liebe Mutter auslöschen. Zurück in der Stadt der Christusstatue und der Strände, verbesserte sich das Leben für alle. Als die zweite Tochter geboren wurde, beendete er das Studium. Die Taschen voller Bonbons und den Mund voller Geschichten, kam er von der Arbeit nach Hause. Er zeigte den Töchtern das Bauloch der U-Bahn. Veränderungen hatten ihn immer schon begeistert. Nur eine nicht: Ein für Millionen Menschen so freudiger Tag sollte für ihn verheerend werden. Am Silvesterabend verließ ihn die Frau. Die Töchter blieben. Schwierige Zeiten, die Zwangspensionierung. Es fehlte an Fleisch und an Obst, am Fahrgeld, es fehlte an Träumen, und es blieben die Alpträume. Ist das Leben mit sechsundfünfzig vorbei? Nein, das konnte nicht sein, er musste doch für die Mädchen sorgen. Schwierige Jahre, seine Landschaft waren die Wände der gegenüberliegenden Wohnung, noch einsamer als die seine, die er mit dem Scheidungsgeld hatte erwerben können. Die zerlumpten Kleider, der Bleistiftstummel, das kärgliche Essen. Nichts davon möchte man wiederhaben. Es waren Jahre der Not, die aschgraue Wohnung, der Versuch, als Korrektor zu arbeiten, der Job der Tochter bei einem Videoverleih. Man wacht auf, trinkt einen Kaffee, denkt an das inhaltslose Leben, das man führt, und plötzlich klingelt das Telefon. Der Prozess wegen der Zwangspensionierung, ja, Sie haben ihn gewonnen. „Komm mit, Kind, wir gehen einen Scheck abholen."

Auf dem Weg die Pläne, ein neues Auto, endlich der Englischkurs. Das Büro riecht muffig und ist verwinkelt, sollte man sich je verlaufen in diesen zentralen Gebäuden von Rio, dann muss man sterben, weil einen keiner mehr findet. Unzählige Zimmer, unendlich viele Zahlen, die garantiert selbst die Eingeweihten verwechseln. Sie warten lange, auf eine unbequeme kleine Bank gequetscht. Das Mädchen denkt an die Uni, sie wird die Vorlesung verpassen. Er wird aufgerufen, tritt ein. Die Tochter nimmt er mit. Er bekommt einen Scheck ausgehändigt und glaubt es nicht. „Sie haben richtig gelesen. Herzlichen Glückwunsch." Ungläubig unterzeichnet er die Papiere. Sie träumen gemeinsam, Seite an Seite, die Tochter und er. Die Reise nach Deutschland, das Journalistikstudium. Eine bessere Wohnung. Der Stummelbleistift, die Lumpenkleidung und das karge Essen sind in weite Ferne gerückt. Ist die Gegenwart gut, löscht sie die Vergangenheit voll Verachtung aus. Den beiden wachsen Flügel. Sie spüren, dass sie gemeinsam schweben, im Bus. Und niemand sieht es, niemand kümmert sich darum. Wie in einem Film, wenn jemand vom Neben- zum Hauptdarsteller wird.

Der weitere Weg war gut. Reisen, Kuchen, Sekt, gute Restaurants und interessante Menschen. Es gab Einbrüche, den Verlust der Mutter, der Geschwister. Das Alter schreitet voran und bringt vielfältige Schmerzen. Die Töchter leben zehntausend Kilometer entfernt. Eine will zurückkommen. Als wäre alles ein Kreislauf, der der Erde zurückgibt, was ihr entsprungen. Revertere ad locum tuum. Zurückkehren an deinen Ort.

Cenas íntimas de um passado familiar
LUCIANA RANGEL

Nasceu pois tinha de nascer. E também porque a sua existência não cabia mais no ventre da mãe. Depois deste acontecimento inevitável, passou a viver ali no berço, no beco da sala, esquina do sofá com a mesa de refeições.

Não era um bebê robusto, mas não era feio. Era magro e silencioso. Com tantas crianças na casa, os dias passavam e a única importância era alimentar os animais, a gente que lá se enfurnava e ver se o tempo estava bom para plantar e para colher.

A casa, fincada numa terra quente, era adornada de abundâncias. Não tinha banheiro, mas tinha mangueira, jabuticabeira, bananeira, com eira, sem beira.

Era um povo sossegado visto que as mazelas não apeteciam. Morreu está morto, roubou está roubado. Tem comida, está bom, não tem comida, não tem.

Juntada as areias, os pântanos, os manguezais, as restingas, todos costurados por rios e lagos, dava quase um continente. Mas o dia a dia da gente tem poucos metros, diria dez quilômetros. Há quem precise de mais e há quem viva com menos. A obra toda, visto que a vida é arte escrita em documentos.

A criança cresceu, pois sobreviveu às doenças, à comida ordinária, às vacinas mentirosas feitas de água, piada sem vida no leito de morte de tantos Josés e Marias que não sabem até hoje por que morreram.

Era uma vida, um moleque a existir com roupas apertadas e rasgadas e um lápis para aprender a escrever. Pacífico, guardava no peito a mágoa de vozes externas, que são verdadeiras quando se quer acreditar, pois são apenas sons emitidos por outras pessoas.

A escola, frequentada pelas crianças da região, era quase um castelo comparada às suas moradias. Lá se aprendia, de estômago vazio, o latim, o francês e se sonhava uma história melhor. A mãe analfabeta acreditava no estudo e ainda hoje se repete na cabeça de seus bisnetos a frase que dizia: –Vai para a escola. Se você se sentir mal, volta para casa. – Há que se construir o hábito do estudo, vencendo a vergonha das roupas rasgadas e apertadas e do toco de lápis. Na escala da pobreza, há inúmeros degraus a serem considerados. Mas a maior adversidade não é a fome. Além das restrições, doma-se diariamente os leões da humildade e a vergonha de se ter fome. Esse mal-estar de ser pobre era pleno. Nas festas de rua, como chamar a menina bonita para dançar? Dormiu sonhos povoados com cadernos novos, livros e outras ferramentas inacessíveis para quem tem pobreza.

Com o crescimento do moço, crescia o país que o ladeava. A mãe ficava velha, os irmãos tomaram rumo, ele terminara o segundo grau e arrumara um emprego de contínuo. Trabalhava, recolhia livros na Biblioteca Nacional e voltava para a casa da mãe. Comia no refeitório dos estudantes e engolia a cada colherada o medo de ser pego, pois não tinha o direito de estar ali. Mataram um jovem esses dias e ficou fechado o refeitório. Lamentou pela morte do rapaz, mais pelo buraco extra no cinto.

Ia nà missa com a mãe, mas para fazer companhia. Não acreditava em Deus e tinha fé em si mesmo. O chefe o achava um rapaz esperto e o chamou para fazer um curso de datilografia. Depois outro e de mais algo que não deve mais existir. – Ô rapaz, tem uma máquina chegando em São Paulo, vai lá aprender. – E foi aprender a usar um trambolho que cabia em duas salas. Hoje, cabe na bolsa.

Foi sem casaco e tremia de frio. Um dia chegou no curso e viu um embrulho de papel pardo. Tinha um bilhete: – Carioca, assim você não vai mais sentir frio. Que bom que você está aqui, abraços, colegas do curso. –

O tempo transcorria e se deixou borrar em inúmeros cartões postais à boa mãe. De volta ao Cristo e às praias, a vida melhorava para todos. Com o nascimento da segunda filha, terminou a faculdade. Chegava do trabalho com os bolsos cheios de balas e a boca cheia de histórias. Levou as filhas para ver o buraco do metrô. Sempre via com entusiasmo as mudanças. Menos uma: uma formidável data para milhões de pessoas, seria para ele inacreditavelmente ruim. Na virada do ano, a mulher foi embora. As filhas ficaram. Tempos difíceis, aposentadoria forçada. Faltava carne e fruta, o dinheiro do transporte, faltava sonho e sobrava pesadelo. Acaba-se com a vida aos 56 anos? Não dá, tem as meninas. Anos pesados, a paisagem era o muro de um prédio ainda mais solitário do que o apartamento comprado com o dinheiro do divórcio. A roupa esfarrapada, o toco de lápis, a pouca comida. Nada disso se quer ter

outra vez. Foram anos de penúria, o apartamento cinza-lápide, a tentativa de trabalhos como corretor, filha trabalhando em locadora de vídeo. Acorda-se, toma-se um café, pensa-se na vida ordinária que se leva e de repente toca o telefone. O processo na justiça contra a aposentadoria forçada, pois é, ganhou. – Filha, vem comigo buscar um cheque. –

No caminho, os planos, trocar o carro, de repente pagar um curso de inglês. O escritório cheira a mofo e é apertado, naqueles prédios do centro do Rio que se um dia alguém se perder lá dentro, vai morrer, pois ninguém mais encontra. São inúmeras salas, incontáveis números que devem confundir até

peritos. Esperam muito tempo, espremidos em um banquinho desconfortável. A filha pensa na faculdade, vai perder aula. Chamam o nome, ele vai. Leva a filha. Recebe o cheque e não acredita. – É isso mesmo que o senhor leu. Parabéns. – Assina os papéis sem acreditar. Sonham juntos, lado a lado, ele e a filha. A viagem para a Alemanha, o curso de jornalismo. Um apartamento melhor. O lápis toco, a roupa trapo e a pouca comida vão ficando distante. O presente quando é bom, apaga com desprezo o passado. Os dois criam asas. Eles percebem que levitam juntos no ônibus. E ninguém vê, e a ninguém importa. Como num filme que de coadjuvante, passa-se a ator principal. O caminho dali em diante foi bom.

Viagens, bolo, champagne, bons restaurantes e belas pessoas. Houve paradas para a perda da mãe, dos irmãos. A idade avança e traz dores das mais diversas. As filhas foram morar a dez mil quilômetros de distância. Uma quer voltar. Como se fosse um ciclo, no qual se devolve para a terra o que de lá saiu. Revertere ad locum tuum. Voltar ao lugar de onde vieste.

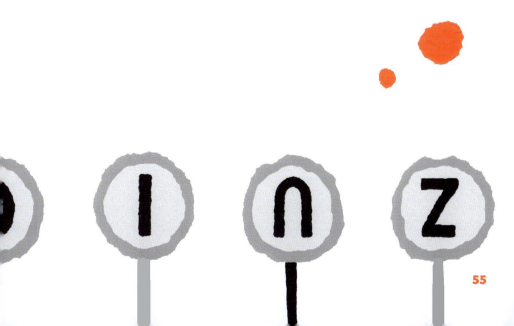

A lista de Helena
CLÉSSIO MOURA DE SOUZA

Antônio sentou-se e pegou a primeira revista que viu sobre a mesa. Começou a folheá-la. As palavras salteavam enquanto o pensamento estava longe. Ainda não estava convencido sobre o sentido de estar ali.
 – Sr. Antônio! O senhor pode entrar que a doutora já está te esperando.
 – Oh, sim, obrigado!
 – Boa tarde Sr. Antônio. Sente-se, por favor. Está confortável na poltrona?
 – Sim.
 – Como foi no trabalho hoje? Tudo bem na escola?
 – Tudo normal.
Antônio percebeu que o silêncio que se seguia era uma forma sutil de o obrigar a continuar falando. Sentiu-se ridículo.
 – Tudo na mesma: aluno que não se interessa pelo que falo; garotas que só pensam na moda do momento; professor reclamando do trabalho exaustivo e do salário vergonhoso; essas coisas. Dra. Ana Beatriz, eu posso lhe ser sincero?
 – Sim, claro! Deve!
 –Eu estou me perguntando até agora o porquê de estar aqui. Eu sinceramente não vejo necessidade nenhuma. Não me entenda mal, mas os problemas que tenho são coisas normais. Coisa de gente normal. Não tenho nada contra psicólogo ou terapia. Não tenho mesmo! Mas não sou depressivo. O meu estresse é coisa normal. Todo mundo que vive em cidade grande tem isso. Já estou tomando remédio para dormir. Para mim, isso já é o suficiente.
 – Sr. Antônio, o senhor tem todo o direito de achar que não precisa de uma psicóloga. Mas vou ter de discordar! Eu acredito que esse seu hábito de falar durante o sono está ligado com algum trauma. Acho que o senhor viveu alguma situação traumática que, de alguma forma, está presente no seu hábito de falar durante o sono. Por isso eu tenho certeza de que seria muito positivo se nós tivéssemos a oportunidade de continuar conversando sobre isso.
Desconfortável com a afirmação da psicóloga, Antônio enche os pulmões de ar e expira:
 – Ok. Então a senhora acha que a mania que tenho de falar durante o sono

tem uma ligação com um trauma, certo? Como é que você pode ter tanta certeza disso?

– Vou lhe explicar: semana passada o senhor me trouxe a lista, certo? A lista que sua mulher escreveu com as palavras e frases que o senhor falou durante o sono.

– Ah, essa lista estúpida!

– Então, dei uma olhada na lista que a sua esposa Helena escreveu e percebi que as palavras e frases não estão conectadas entre si, no entanto, eu tenho certeza de que nós podemos encontrar algo por trás dessa lista. Eu acredito que se o senhor se permitir refletir um pouco mais sobre ela, nós certamente iremos descobrir o sentido para além do que está nessa lista.

Com um sorriso abafado, Antônio fitou a psicóloga.

– Quanta criatividade! Quer dizer então que durante o sono eu falo palavras desconectadas que por sua vez estão conectadas com um trauma que se liberta durante o sono, certo?

– Digamos que é mais ou menos isso. Bom, eu vou ler agora algumas das coisas que o senhor falou durante o sono: *Não vire. Feche e deixe fechada. Vamos pra orla? Deus te abençoe, meu filho. Sorvete da Kibon? Esse filme não! É lasanha?*

Antônio abre um todo-sorriso e interrompe.

– Acho que já sei qual é o problema! O problema é que vou dormir com fome e sonho com comida!

– Sr. Antônio, deixa-me terminar de ler a lista. Concentre-se por favor e observe se essas frases e palavras soltas têm alguma relação com uma situação, um lugar ou uma pessoa, ok? Bom, continuando: *Canetas coloridas. Escreve aí!*

57

Castidade. Pra mim de calabresa. Telefone. Calça jeans. Mas é segredo! Aldeia dos ventos. Não é pecado!
– A senhora psicóloga já terminou a lista?!
– Quase! Tem mais uma frase que o senhor repetiu alguns vezes: *tranque a porta!*
Ela faz uma pausa e o mira com um olhar de interrogação.
– Sr. Antônio, alguma coisa veio à sua mente ao ouvir essas palavras? Alguma memória? Imagem? Família? Amigo? Qualquer coisa?
– Não. Nada.
– Alguma sensação ou sentimento que o senhor tenha tido durante o sono? Vou lhe dar um exemplo: sabe aquela sensação de que estamos caindo de um penhasco ou de um abismo durante o sono? Antes de chegarmos ao desfecho da situação, nós sentimos um medo tão forte que nos faz despertar assustados e com o coração acelerado. O senhor está entendendo? Então, o que eu quero dizer é que nesse momento específico do sono, nós necessitamos de algo que possa nos transmitir uma emoção forte, capaz de nos despertar. É como se a nossa própria mente nos tirasse de uma dimensão de sofrimento, que ela mesma cria, e nos transportasse para outra, entende?
Antônio pensou por alguns instantes.
– Sim, entendo. Vez ou outra, quando estou dormindo, me vejo pulando em um abismo ou algo do tipo. E antes mesmo de chegar ao fundo, sinto um medo... um calafrio.... um tremor e me desperto bruscamente. Mas isso tudo é normal! Acho que todo mundo sente a mesma coisa. Sinceramente, não vejo nenhum sentido nessas coisas que, supostamente, disse durante o sono. Eu sei que às vezes falo quando estou dormindo, mas isso não vem ao caso. Acho que essas palavras aí só podem estar ligadas aos sonhos que tive, e claro, com minha vontade incontrolável de comer!
Ana Beatriz olha o relógio e se recompõe.
– Acabou o nosso tempo. Nós temos que terminar por aqui.
Para alívio de Antônio era o fim da conversa. Levantou-se, pegou a mochila e dirigiu-se para a porta. Com um meio sorriso, olhou em direção à causadora de seu flagelo e disse vagarosamente:
–O-bri...!

Antes que desse tempo de proferir a última sílaba da palavra ele foi interrompido.

– Senhor Antônio, o senhor tem todo o direito de não querer mais voltar aqui. De qualquer forma, eu gostaria que o senhor levasse essa lista. Se o senhor lembrar de alguma coisa, qualquer coisa, e claro, sentir vontade de conversar sobre isso, terei o maior prazer em atendê-lo.

–Ah, claro, Dra. Ana Beatriz, obrigado e tenha um bom dia!

Antônio chegou em casa por volta das oito. Helena estava no cinema. Ele retirou alguns livros da estante e abriu a agenda. As horas seriam longas até que tudo estivesse pronto para a aula do dia seguinte. Por um instante ele pensou que poderia dormir mais cedo se não tivesse perdido tanto tempo naquela tarde com uma conversa desnecessária. Despiu-se, banhou-se, sentou-se. Na mesa John Locke, Voltaire, Montesquieu e Rousseau. Enquanto folheava o livro de *História Geral para o 2º Grau*, ele pensava em uma forma de captar a atenção dos alunos em sua aula sobre o Absolutismo. Helena entra na cozinha, lhe faz um carinho e o beija.

–Estou muito cansada e vou direto para cama.

Ele escreveu. Planejou. Cansou. Com os olhos e os pensamentos pesados, estendeu-se no sofá e ligou a televisão. Canal 1, canal 3, canal 7: Novela. Canal 9, canal 10, canal 11: Jornal da Noite. Canal 12, canal 13, canal 14, canal 15: "O mundo selvagem dos predadores".

Em algum lugar da savana africana, os leões estão em busca de uma presa.

Antônio fixa o olhar nas imagens impressionantes daquela paisagem. A voz mansa do narrador continua:

O leão é o rei dos felinos na África. Os felinos descansam durante o período mais quente do dia e caçam à noite ou em manhãs frescas.

Em uma espécie de limbo entre as imagens e o transe causado pelo sono, Antônio pestaneja lentamente enquanto o narrador descreve o leão atacando uma presa:

As garras são afiadas e perfuram mesmo as carnes mais resistentes... os dentes caninos do leão têm nervos sensíveis, que os permitem perceber o lugar ideal para, em segundos, abocanhar as vértebras e quebrar o pescoço da presa.

Na televisão, em close: carne e sangue. Aos poucos uma imagem cinza vai se tornando cada vez mais nítida e Antônio é transportado para um espaço que vagamente lhe parece familiar: um quarto branco com três camas de solteiro e uma janela de vidro protegida por uma grade de ferro. Em uma das camas havia um menino deitado em posição fetal coberto por um lençol fino. Ao ouvir o barulho do trinco da fechadura, o menino sente um leve tremor de susto.

O leão escolhe a presa mais vulnerável do bando e aguarda o momento certo para atacá-la. Muitas vezes não consegue abater a presa na primeira tentativa, mas acaba vencendo pela insistência e pelo cansaço.

Um homem de pele morena e de rosto indefinido senta-se na beira da cama. Ele espera um momento. Coloca uma de suas mãos na altura do ombro daquele menino e lhe acaricia desde o peito até a coxa. Com a outra afagava-lhe os cabe-

los de forma a sentir a maciez de cada fio negro escorrendo por entre os seus dedos. Respira intensamente, quase ofegante. Uma fonte de prazer lhe era revelada ao tocar no silêncio o corpo trêmulo. Era como um ritual lento de ações precisas. *O predador apalpava a sua presa de maneira insistente até que pudesse perceber o momento ideal de lhe rasgar a carne.* O homem desliza lentamente o lençol branco sobre a pele clara. Era um menino de corpo delgado vestindo um pijama de calça azul e camisa branca. O seu rosto estava coberto pelas palmas das mãos abertas sobre os olhos fechados.

Uma sensação de susto lhe abriu os olhos. Trêmulo e com o coração disparado, Antônio retorna para a sala de sua casa e para os leões famintos rasgando uma presa qualquer. Foram necessários alguns minutos para que sua respiração se tornasse mais branda. Desligou a televisão e caminhou em direção ao quarto. Deitou. Estirou os braços e abraçou Helena. Fechou os olhos. A intensão era apagar ou esquecer aquela cena. Devolver aquilo que há muito pertencia ao escuro, ao esquecimento. Antônio virou de lado e durante muito tempo observou os dígitos vermelhos do despertador sobre o criado-mudo. 2:25 da manhã. Ele queria dormir, nada mais que isso. Observou o relógio. 2:46. Era quase mágico que a cada hora, minuto, segundo, os traços vermelhos se apagavam e se acendiam. E assim os números eram formados e indicavam as horas, os minutos, os segundos. Manter a mente ocupada, mesmo que com coisas banais e incompreensíveis, pareceu-lhe a única forma de evitar pensar nos leões e em suas artimanhas de caça.

Helenas Liste
CLÉSSIO MOURA DE SOUZA | Barbara Bichler

Antônio setzte sich und griff nach der erstbesten Zeitschrift, die er auf dem Tisch sah, und blätterte darin. Die Worte versprangen vor seinen Augen, während seine Gedanken weit weg waren. Er war sich noch nicht sicher, ob es überhaupt einen Sinn hatte, hier zu sein.
- Antônio! Sie können jetzt rein, die Frau Doktor erwartet Sie schon.
- Ah gut, vielen Dank!
- Guten Tag, Antônio. Setzen Sie sich, bitte. Haben Sie es bequem?
- Ja.
- Wie war es heute bei der Arbeit? Alles gut in der Schule?
- Alles ganz normal.

Antônio spürte, dass die Stille, die jetzt folgte, ihn auf sanfte Art dazu bringen sollte, weiterzusprechen. Er kam sich lächerlich vor.
- Alles wie immer: Schüler, die sich nicht dafür interessieren, was ich sage; Mädchen, die nur die neueste Mode im Kopf haben; Lehrer, die sich über die anstrengende Arbeit und das erbärmliche Gehalt beschweren, das Übliche. Darf ich ganz offen sein, Ana Beatriz?
- Aber sicher! Ich bitte darum!
- Ich frage mich schon die ganze Zeit, warum ich eigentlich hier bin. Ich sehe, ehrlich gesagt, auch gar keinen Grund dafür. Verstehen Sie mich nicht falsch, aber meine Probleme sind ganz normal. Die hat wirklich jeder. Ich habe keine Vorbehalte gegen Psychologen, wirklich nicht. Aber ich bin nicht depressiv, ich habe einfach nur Stress. Das geht jedem so, der in einer Großstadt lebt. Außerdem nehme ich ein Schlafmittel. Das reicht mir eigentlich schon.
- Antônio, es ist ihr gutes Recht zu denken, dass Sie inzwischen denken, keine psychologische Hilfe zu brauchen. Aber Sie hatten ja einen Grund, zu mir zu kommen. Ihre Angewohnheit, im Schlaf zu reden, ist für Sie und Ihre Frau sehr belastend, und wir könnten herausfinden, ob sich dahinter eine Verletzung verbirgt. Es könnte durchaus sein, dass Sie irgendeine sehr schwierige Situation erlebt haben, die sich nun im Schlaf bemerkbar

macht. Deshalb bin ich überzeugt davon, dass es gut für Sie wäre, wenn wir uns weiter damit beschäftigen würden.

Verärgert über Behauptung der Psychologin, zog Antônio die Luft tief ein und stieß hervor:

- Schön, Sie glauben also, meine Angewohnheit, im Schlaf zu reden, ist mit einem Trauma verknüpft, ja? Wie können Sie sich da so sicher sein?

- Ich will es Ihnen sagen: Letzte Woche haben Sie mir die Liste gebracht, die Liste mit den Worten und Sätzen, das, was Ihre Frau gehört und aufgeschrieben hat.

- Ach, diese blöde Liste.

- Ich habe mir Helenas Liste in der Zwischenzeit angesehen. Die Wörter stehen scheinbar in keinem Zusammenhang miteinander, aber ich bin mir sicher, wir werden einen finden. Das, was hinter all dem steckt. Wenn Sie sich erlauben, ein wenig mehr über das nachzudenken, was auf dieser Liste steht.

Mit unterdrücktem Grinsen sah Antônio die Psychologin an.

- Wie originell! Das heißt also, dass ich im Schlaf zusammenhangloses Zeug rede, das wiederum mit einem Trauma zusammenhängt, das im Schlaf hervorbricht, richtig?

- Sagen wir, mehr oder weniger. Gut. Ich werde jetzt ein paar Dinge vorlesen, die Sie im Schlaf so sagen: *Nicht umdrehen. Zumachen und zulassen. Gehen wir an den Strand? Gott segne dich, mein Sohn. Ein Eis am Stiel? Nicht den Film! Ist das Lasagne?*

Antônio grinste über das ganze Gesicht und unterbrach sie.

- Ich glaube, ich weiß schon, wo das Problem liegt. Das Problem ist, dass Ich hungrig ins Bett gehe und vom Essen träume!

- Antônio, lassen Sie mich die Liste zu Ende lesen. Ich möchte Sie bitten, sich zu konzentrieren. Achten Sie darauf, ob die einzelnen Wörter und Sätze irgendwie verbunden sind mit einer Situation, einem Ort oder einer Person, okay? Gut. *Farbige Stifte. Da, schreib! Keuschheit. Für mich Calabrese. Telefon. Jeanshosen. Aber das ist geheim! Dorf der Winde. Das ist keine Sünde!*
- Sind Sie bald fertig mit der Liste, Frau Psychologin?!
- Fast. Da ist noch ein Satz, den Sie ab und zu wiederholt haben: *Sperr die Tür ab!*
Sie machte eine Pause und sah ihn fragend an.
- Antônio, wenn Sie diese Worte hören, kommt Ihnen da etwas in den Sinn? Irgendeine Erinnerung? Ein Bild? Familie? Ein Freund? Irgendetwas?
- Nein. Nichts.
- Irgendein Gefühl oder eine Empfindung, die Sie im Schlaf hatten?
Antônio schwieg.
- Ich gebe Ihnen ein Beispiel: Kennen Sie dieses Gefühl im Traum, man würde von einer Klippe stürzen oder in einen Abgrund? Kurz bevor es zum Äußersten kommt, erfasst uns eine so große Furcht, dass wir erschrocken und mit rasendem Herzen aufwachen. Wissen Sie, was ich meine? Nun, was ich Ihnen damit sagen will, Antônio, ist, dass wir in diesem speziellen Moment im Schlaf eine heftige Emotion brauchen, die es schafft, uns aufzuwecken. Ganz so, als würde uns unser eigener Verstand aus einem schmerzvollen Zustand herausreißen, den er selbst hervorruft, um uns in einen anderen zu versetzen, verstehen Sie?
Antônio überlegte.
- Doch ... doch ... Ab und zu, wenn ich träume, sehe ich mich in einen Abgrund oder etwas in der Art springen. Und kurz bevor ich den Boden erreiche, spüre ich so eine Angst ... einen Schauder ... ein Zusammenzucken, und ich wache unvermittelt auf. Aber das ist doch ganz normal. Ich glaube, das hat jeder. Ganz im Ernst, ich sehe keinen Sinn in diesen Sachen, die ich da anscheinend sage. Ich weiß, dass ich manchmal im Schlaf rede, aber darum geht es nicht. Klar, diese Wörter da müssen wohl mit den

Träumen zusammenhängen, die ich habe, aber vor allem, glaub ich, mit meiner unbändigen Lust zu essen!
 Ana Beatriz sah zur Uhr und richtete sich auf.
 - Es ist Zeit, wir müssen zum Ende kommen.
 Zu Antônios Erleichterung war das Gespräch beendet. Er stand auf, nahm seinen Rucksack und ging in Richtung Tür. Mit einem unsicheren Lächeln drehte er sich noch einmal um, sah die Verursacherin seiner Pein an und sagte zögerlich:
 - Dan-ke-sch...!
 Doch bevor er noch die letzte Silbe aussprechen konnte, unterbrach sie ihn.
 - Antônio, Sie haben das volle Recht, nicht wiederzukommen. Trotzdem würde ich Sie bitten, dass Sie diese Liste mitnehmen. Wenn Sie sich an etwas erinnern, an irgendetwas, und den Wunsch verspüren sollten, darüber zu sprechen, würde ich mich sehr freuen, Sie wiederzusehen.
 - Auf jeden Fall, Ana Beatriz, Danke! Und einen schönen Tag noch.

Gegen acht kam Antônio nach Hause. Helena war im Kino. Er zog ein paar Bücher aus dem Regal und schlug sein Notizbuch auf. Es würden lange Stunden werden, bis alles für den Unterricht am nächsten Tag vorbereitet sein würde. Einen Moment dachte er, dass er früher schlafen gehen könnte, hätte er nicht so viel Zeit mit diesem überflüssigen Gespräch vergeudet. Er zog sich aus, duschte, setze sich hin, John Locke, Voltaire, Montesquieu und Rousseau auf dem Tisch. Während er den Band *Allgemeine Geschichte II* durchblätterte, überlegte er, wie er die Aufmerksamkeit seiner Schüler in der Stunde über den Absolutismus fesseln könnte. Helena kam, kruschelte in der Küche, küsste ihn.
 - Ich bin müde und geh schon.
 Er nickte, schrieb weiter, plante. Nach Mitternacht streckte er sich mit schweren Lidern und Gedanken auf dem Sofa aus und schaltete den Fernseher ein. Das Erste, das Zweite, das Dritte: Telenovela. Klick, klick, klick: Abendnachrichten. Klick, klick, klick, klick: Die wilde Welt der Raubtiere.
 ... irgendwo in der afrikanischen Savanne sind die Löwen auf der Su-

che nach einem Beutetier. Antônios Blick blieb an den beeindruckenden Bildern der Landschaft hängen. Die sanfte Stimme des Sprechers fuhr fort: ... *der Löwe ist der König der Raubtiere Afrikas. Raubkatzen ruhen während der heißesten Zeit des Tages und jagen nachts oder in den kühlen Morgenstunden.*

Im sonderbaren Limbus zwischen den Fernsehbildern und der Trance, in die ihn die Müdigkeit versetzte, fielen Antônio immer wieder die Augen zu, während der Sprecher ausführte, wie der Löwe seine Beute angreift: *Die Klauen sind messerscharf und durchbohren auch das widerstandsfähigste Fleisch ... die Eckzähne der Löwen haben hochempfindliche Nerven – Sie weisen ihnen den Weg zu den richtigen Stellen am anderen Tier, um sekundenschnell Wirbel zu durchbeißen oder der Beute das Genick zu brechen.*

Eine Großaufnahme zeigte Fleisch und Blut. Ein graues Bild tauchte in Antônio auf und wurde langsam klarer. Er wurde an einen Ort versetzt, der ihm seltsam vertraut schien: Ein weißer Raum mit drei einzelnen Betten und einem Glasfenster, das mit einem Eisengitter gesichert ist. In einem der Betten liegt ein Junge in Fötusstellung, unter einem dünnen Laken. Als er ein Geräusch am Türschloss hört, zuckt er zusammen.

Der Löwe sucht sich das schwächste Beutetier der Gruppe aus und wartet auf den richtigen Moment, um es anzugreifen. Oft kann er sein Opfer nicht gleich beim ersten Versuch niederstrecken, aber Beharrlichkeit und Erschöpfung bringen ihn am Ende ans Ziel.

Ein Mann mit gebräunter Haut und unbestimmten Gesichtszügen setzt sich auf den Bettrand. Er wartet einen Moment. Dann legt er eine Hand auf die Schulter des Jungen und streichelt ihn, am Bauch entlang, bis zum Oberschenkel. Mit der anderen Hand greift er ihm tief in die Haare, als wollte er spüren, wie weich jede einzelne schwarze Strähne durch seine Finger gleitet. Er atmet schwer. In der Stille den zitternden Körper zu berühren, lässt ihn zufrieden aufseufzen. Es ist ein langsames Ritual mit präzisen Abläufen. *Das Raubtier belästigt seine Beute unablässig, bis es den idealen Moment erahnt, ihm das Fleisch aufzureißen.* Der Mann zieht das Bettlaken langsam hinab. Die helle Haut des schmalen Jungen, der einen kurzen Pyjama trägt, mit blauen Hosen und weißem Hemd, leuchtet. Sein Gesicht hält er verborgen, die Handflächen fest auf den geschlossenen Augen.

In Panik riss Antônio die Augen auf. Zitternd und mit rasendem Herzen kehrte er zurück ins Wohnzimmer seiner Wohnung und zu den hungrigen Löwen, die gerade irgendein Beutetier zerfetzten. Es dauerte ein paar Minuten, bis sein Atem ruhiger ging. Er schaltete den Fernseher aus und ging ins Schlafzimmer. Er legte sich hin, streckte die Arme aus und umarmte Helena. Er schloss die Augen. Er wollte die Szene auslöschen und vergessen. Das zurückzudrängen, was seit Langem der Dunkelheit angehörte. Antônio drehte sich auf die Seite und starrte die roten Ziffern des Weckers auf dem Nachttisch an, 2:25 morgens. Er wollte schlafen, nichts als schlafen. Er starrte auf die Uhr. 2:46. Es war fast Magie, wie jede Stunde, Minute, Sekunde die roten Striche verschwanden und wieder aufleuchteten. So wurden die Zahlen geformt und zeigten die Stunden, die Minuten und die Sekunden an. Den Verstand beschäftigen, sei es auch mit unwichtigen und unbegreiflichen Dingen, schien ihm die einzige Möglichkeit, nicht an die Löwen denken zu müssen und an ihre List bei der Jagd.

Ivan SAMANTHA DEARO | Michael Kegler

In jenem Herbst wohnte ich noch in Europa. Ich spürte die Wärme des Sonnenlichts im Gesicht, wenn ich durch das Fenster aus meiner Wohnung hinaus auf die Straße schaute. Am ausgehenden Nachmittag, reglos in meinen isländischen Socken und mit verschränkten Armen, träumte ich. Ich träumte gern von den Dingen, die ich in der Woche darauf tun könnte, welche Freunde ich treffen, welchen Film ich mir anschauen würde. Und während ich auf die Bäume hinausschaute, die Blätter auf der Straße und die Leute, tauchte ich in meine eigene Welt, an deren Oberfläche ich spürte, dass alles von Neuem beginnen könnte. Den frischen Geruch neuer Möglichkeiten spürte ich durch den Fensterspalt, spürte den Wind einiges von meiner Bitterkeit fortwehen. In den trockenen Blättern aber sah ich noch meine eigenen Qualen, ich hoffte, sie würden verschwinden, doch sie blieben dort liegen. Und so, mit dem Blick auf die Blätter, kaum dass die Sonne hinter dem Haus gegenüber verschwunden und niemand mehr auf meiner Straße war, die nun von dieser natürlichen Stille eingeholt wurde, fühlte ich: Etwas Schreckliches würde geschehen. Ich war sogar sicher.

Ich verließ das Fenster und ging in die Küche, um mir einen Tee zu machen, um zu vergessen, dass es ihn gab, um nicht wieder Tage damit zu verbringen, mir selber einzureden, dass es nichts Besonderes gewesen war, was passiert ist. Ich versuchte, mich an dieses Gefühl einer Möglichkeit, eines Neuanfangs, von vor fünf Minuten zu erinnern. Ich setzte Wasser zum Kochen auf und tastete über meinen Bauch, spürte meine vier Monate der Möglichkeiten und holte tief Luft. Es war nur eine von vielen Geschichten auf dieser Welt, sagte ich mir immer wieder, eine Geschichte wie in den Büchern! Nein, besser, wie im Film! Ja, genau, und nicht mehr. Innerhalb von drei Sekunden besaßen die Szenen in diesem Film aus meinem echten Leben sogar schon einen Soundtrack, der sich mit dem Geräusch des kochenden Wassers vor meinen Augen vermischte. Die leere Tasse mit dem Teebeutel darin war ich, leer, aber mit einem Beutel Anis, meinem Baby. Verdammt, die scheiß Tasse war ich. Zurück im Wohnzimmer, wollte ich das Handy vom Tisch nehmen und aufhören mit dem ganzen Mist und meinem Mann schreiben, dass er mir Eis bringen sollte, doch in den Szenen, die sich immer weiter abspulten, schneite es und die Sonne schien, wie an jenem Tag, an dem wir uns kennengelernt hatten.

Der Herbst ging vorbei, und ich ging jeden Tag auf die Straße und begann wieder von Neuem, hatte den Anistee satt und ging raus, andere Tees kaufen, kaufte Dinge, traf mich mit Leuten, und das trieb mich voran, und doch war der kleine Laden noch immer da. Ich musste mir einen anderen Weg suchen auf dem Weg nach Hause, denn fast jeden Tag, wenn ich vor diesem russischen Laden vorbeikam, war er dort. Der Laden selbst hatte weiter nichts Besonderes, ich war ein paar Mal hineingegangen, hatte nie etwas gekauft, was ich noch einmal dort kaufen würde, Süßspeisen aus Milch und mit Fruchtgeschmack, die eine oder andere Schokolade in einer hübschen Verpackung mit einem Mädchen drauf, das ein geblümtes Kopftuch trug. Doch immer, wenn ich dort vorbeikam, in kalten Nächten oder an Sommertagen, auf meinem Fahrrad, ganz schnell, las ich *IVAN*. Der Name genügte, und ich lächelte in mich hinein und quälte mich innerlich.

Mein Ivan, das war jener Schriftsteller gewesen, der meinem Leben eine andere Richtung gegeben hatte, noch lange bevor ich ihn traf, und als ich ihn dann kennenlernte, den Tod.

Ivan war kein bisschen russisch, er war Brasilianer wie ich. Nur, dass er aus Rio war und ich nicht, dass er in Rio lebte und ich nicht. Er war Schriftsteller und ich nicht, er war berühmt und ich nicht, er war reich und ich nicht, er war 1969 geboren und ich nicht, er war frei und ich nicht, er bat mich zu bleiben und ich blieb nicht.

Noch nach sieben Monaten ohne ihn wusste ich, dass er immer noch stark und zerbrechlich war. Noch immer stellte ich ihn mir gern vor, wie er seine Bücher schrieb, in seiner Wohnung weit weg von der Innenstadt Rios. Konnte mich sehr genau an seine zarten Hände erinnern, und ich stellte mir vor, wie sie einige der schönsten Geschichten tippten, die ich je gelesen hatte. Ich konnte mir sogar seinen Hund vorstellen, wie er um den Tisch schlich, wenn Ivan schrieb, und ich fragte mich, worum es wohl in seinem nächsten Roman gehen würde. Aus Angst vor unglücklichen Assoziationen erfand ich für mich dann eine neue Protagonistin, nur für mich allein. Nie wieder antwortete ich auf Ivans Nachrichten, darin wurde ich tatsächlich eine neue Person. Ich trank meinen Tee, sehr viel Tee, sehr viel Wasser, und vergrub mich in Drogerien in der Babyabteilung, lange Minuten, wenn von ihm irgendwo die Rede gewesen war. Neue Unternehmungen und neue Gesten waren jetzt meine Rettung. Auf einmal kochte ich jeden Tag etwas Ausgefallenes für meinen Mann, belegte Kurse in Sachen, von denen ich bis dahin nie verstanden hatte, warum Leute sie taten. Und so, wie mein Baby in mir heranwuchs, wuchsen in mir neue Unternehmungen und Gesten, und die Zärtlichkeit meines Mannes brachte die Welt fast vollständig in Einklang mit mir.

Und dann kamen die Nächte, und wenn ich erschöpft in meinem Bett lag, wusste ich: Etwas Schreckliches würde geschehen.

Ivan SAMANTHA DEARO

Naquele outono eu ainda morava na Europa. Sentia o calor da luz do sol no meu rosto enquanto observava a minha rua através da janela do meu apartamento. Em uma tarde que já estava por terminar, e parada ali, usando as minhas meias islandesas e de braços cruzados, eu sonhava. Sonhava facilmente com coisas que poderia fazer na próxima semana, que amigos eu iria encontrar, que filme eu iria assistir. E enquanto eu observava as árvores, as folhas e as pessoas na rua, eu submergia no meu próprio mundo, na superfície dele eu sentia que poderia recomeçar tudo de novo. Sentia o cheiro fresco de novas possibilidades entrando pela frestinha da janela, sentia o vento levando algumas amarguras, e meus martírios pessoais eu os observava ali nas folhas secas, esperava que elas desaparecessem logo, embora ainda ali caídas. Mas foi assim olhando para as folhas que logo o sol se escondeu no prédio da frente e, de repente, não havia mais ninguém na minha rua, tomada por aquele silencio tão natural, senti que algo horrível estava por acontecer. Aliás, eu tinha certeza, e então eu me lembrei dele.

Saí de perto da janela e inventando um chá caminhei até a cozinha desejando esquecer que ele existia, passava dias me convencendo de que o que aconteceu não foi nada demais e tentava me lembrar da tal sensação de possibilidade e recomeço de 5 minutos atrás. Coloquei a água para ferver e toquei a minha barriga, senti os meus 4 meses de possibilidades, e então, respirei. Aquela havia sido apenas uma história no mundo, eu dizia a mim mesma repetidamente, uma história como nos livros! Não, melhor, uma história como nos filmes! Sim, isso, nada demais. Em 3 segundos cenas de um filme da minha vida real já tinham até uma trilha sonora que fundia com a água fervendo à minha frente. A xícara vazia com o sachê de chá era eu, assim vazia, mas com um sachezinho puro de erva-doce, o meu bebê. Droga, a merda da xícara era eu. Voltando para a sala queria pegar o meu celular em cima da mesa e parar com essa bobagem toda, queria escrever para o meu marido me

73

trazer um sorvete, mas as cenas, elas ainda seguiam, tinham neve e sol, como no dia em que nos conhecemos.

O outono passava, e a cada dia eu saia para a rua e começava de novo, me enjoei do chá de erva-doce, então saía para comprar outros, comprava coisas, encontrava pessoas e isso sempre me fazia seguir, no entanto o mercadinho continuava lá. Tive que mudar o trajeto para a minha casa, pois quase todos os dias quando eu passava em frente do tal mercadinho russo ali estava ele. O mercadinho em si não tinha nada de especial, de fato, entrei lá apenas algumas vezes e nunca comprei nada que voltaria para comprar novamente, apenas um ou outro docinho com leite e com gostinho de frutas e um ou outro chocolate em uma embalagem bonitinha de uma menina usando um lenço de flores na cabeça. Mas passando ali em frente durante as noites frias, ou nos dias de verão rapidamente com a minha bicicleta eu lia *IVAN*. O nome era suficiente, eu sorria por dentro e me torturava por dentro.

O meu Ivan era o escritor que mudou o rumo da minha vida antes mesmo de conhecê-lo e o rumo da minha morte ao conhecê-lo.

O Ivan não tinha nada de russo, ele era brasileiro como eu. Só que ele era carioca e eu não, ele morava no Rio e eu não, ele era escritor e eu não, ele era famoso e eu não, ele era rico e eu não, ele nasceu em 1969 e eu não, ele era livre e eu não, ele me pediu para ficar e eu, não.

Mesmo depois de 7 meses sem vê-lo eu sabia que ele continuava frágil e forte. Ainda gostava de imaginá-lo escrevendo seus livros em sua casa afastada do centro do rio. Podia ainda lembrar-me perfeitamente de suas mãos delicadas e as imagino digitando algumas das histórias mais lindas que já li. Conseguia imaginar até o seu cachorro rodeando a mesa enquanto o Ivan escrevia, e me perguntava sobre o que seria o seu próximo romance. Com medo de associações infelizes, eu seguia inventando uma nova personagem para mim, sozinha. Nunca respondi às mensagens do Ivan, naquele então eu era uma nova pessoa, eu tomava chá, muito chá, muita água e me escondia em drogarias na sessão de bebês por longos minutos quando ouvia falar dele. Novas ações e gestos eram a minha nova salvação. Cozinhava então, de repente, todos os dias para o meu marido algo criativo, fazia cursos de coisas que nunca entendi antes porque as pessoas faziam, enquanto o meu bebê crescia em mim as novas ações e gestos também cresciam, e a doçura do meu marido quase harmonizava o meu mundo por completo.

As noites sempre chegavam e cansada quando me deitava na cama eu sabia: algo horrível estava por acontecer.

Típico Alemão   ANA VALÉRIA CELESTINO

O testemunho, e no caso aqui o testemunho da vivência de outra cultura, não se pode nunca deixar de lembrar, é pessoal. Principalmente por conta da tal da generalização.

Numa viagem de férias, fulano passa alguns dias nessa e naquela cidade, quer ver, quer conhecer, quer „ter estado". E quando volta: „Ah, na Itália é assim...". „Em Portugal é assado..." Perfeito, correto.

Viajar é catar impressões, colher, levar pra casa e com sorte deixar tais impressões mudarem algo dentro de si mesmo. Eu disse: „Com sorte"...

Beltrano vive num país que não é o seu, tem uma vivência de décadas, ele sabe, ele vê, confronta-se, interpreta com seu filtro, faz a síntese da sua experiência. Mesmo assim, ainda não pode estar confortável e se arriscar em generalizações. Com sorte, ele também se deixa mudar... Com sorte.

E aí então, pra tudo não ficar chato demais, existe o código secreto e intrínseco de aceitar a generalização, sem problematizá-la, principalmente quando esta é positiva. Um fala: „Na Alemanha é assim..." e o outro entende: „O que eu vi na Alemanha foi isso..." E estamos combinados.

Há muitos e muitos anos, um jornalista alemão me pediu para falar sobre o que, para mim, seria típico do alemão. Ele buscava estrangeiros que respondessem à pergunta. Automaticamente, falei: "Sandálias com meias." Estávamos ao telefone e, do outro lado da linha (será que todos ainda entendem esta expressão?), o jornalista gargalhou de maneira aprovadora. Me queria para seu artigo.

O leitor não pode imaginar o choque estético-cultural que tive ao avistar um indivíduo vindo em minha direção usando orgulhosamente sandálias com meias em pleno verão. Mesmo sendo desnecessárias. Nunca vi um povo como esse pra ter paixão por sandálias com meias. Essa paixão também aproxima os países falantes de língua alemã. Qual não foi a minha decepção ao ver o baterista e cantor de uma banda austríaca muito querida fazer um show de sandálias e meias brancas! Dos suíços eu não sei dizer, mas arriscaria colocá-los no pacote.

Modelito de verão preferido, a meia branca é o clássico. Os mais discretos preferem as meias escuras. E isso me faz lembrar uma das minhas aventuras em Berlim.

Na copa de 2006, mais uma vez um repórter me procurou, desta vez um brasileiro. Ele havia marcado um entrevista com Udo Voigt, o chefão do partido neonazista alemão, e ela aconteceria na sede do partido. Na noite anterior, mal consegui dormir, tive sonhos malucos e, apesar de feliz pela oportunidade de entrar no covil dos lobos, estava super amedrontada.

Ainda me lembro muito bem de quando entramos na casa. Fomos bem recebidos e bem tratados, claro, mas quando passei os olhos por toda a sala, vi um rapaz todo tatuado nos encarando de forma ameaçadora e tive a impressão dele ser todo amarelado. O rapaz, para mim, estava literalmente amarelo de ódio. O que só aumentou a minha apreensão.

Seguimos até ao escritório do chefe, uma bandeira do partido enorme, outra bandeira do "antigo Reich", símbolos nazistas para todos os lados. Eu nervosa, no meu primeiro trabalho como intérprete, olho pra baixo e aí vejo aquele homem, que representava uma carga de ódio e intolerância, usando sandálias e meias pretas... Sorri por dentro, e recobrei toda a minha confiança.

Neste dia, como sempre desejam os alemães, eu realmente „me diverti no trabalho".

Typisch deutsch ANA VALÉRIA CELESTINO | Ingrid Hapke

Reiseberichte und insbesondere Berichte, die die Lebensweise einer anderen Kultur bezeugen, sind selbstverständlich sehr persönlich, besonders im Hinblick auf Verallgemeinerungen.

Bei einer Urlaubsreise verbringt man ein paar Tage in dieser und jener Stadt, möchte alles sehen und kennenlernen, möchte „da gewesen sein". Wieder zu Hause sagt man dann: "In Italien ist es so und so...", "In Portugal so und so...". Das ist auch sicher richtig. Reisen bedeutet, Eindrücke einzufangen, und mit etwas Glück machen diese Eindrücke dann etwas mit dem Reisenden, verändern ihn. Ich betone: Mit etwas Glück.

Oder. Liese M. lebt in einem Land, das nicht das ihre ist, wohnt dort schon seit Jahrzehnten, kennt es, beobachtet es, stellt sich ihm, siebt alles durch ihren Filter, bildet ihre Synthese daraus. Nicht einmal so ist sie vor Verallgemeinerungen sicher. Doch mit etwas Glück lässt auch sie sich verändern... Mit etwas Glück.

Damit es in diesen Fällen nicht allzu langatmig wird, gibt es den stillschweigend vereinbarten Code, Verallgemeinerungen zu akzeptieren, ohne sie zu problematisieren. Besonders dann, wenn sie positiv ausfallen. Wenn einer sagt "In Deutschland ist das so und so...", versteht der andere: "Was ich in Deutschland erlebt und gesehen habe, ist folgendes...". Und so verstehen wir einander.

Vor vielen Jahren rief mich ein Journalist an und wollte wissen, was für mich typisch deutsch ist. Er suchte Ausländer, um diese Frage zu beantworten. Spontan antwortete ich: „Sandalen mit Socken." Am anderen Ende der Leitung lachte der Journalist laut und zustimmend auf. Er nahm mich sofort in seinen Artikel auf.

Der werte Leser wird sich den ästhetisch-kulturellen Schock kaum vorstellen können, den ich erlitt, als mir ein Individuum entgegenkam, das im Hochsommer stolz Sandalen mit Socken trug. Im Hochsommer!!

Nie zuvor ist mir ein solches auf Sandalen mit Socken versessenes Völkchen untergekommen. Eine modische Vorliebe, die übrigens die Bewohner der deutschsprachigen Länder zu verbinden scheint. So erlitt ich eine herbe Enttäuschung, als ich sah, dass der Schlagzeuger und Sänger meiner österreichischen Lieblingsband bei einem Konzert in weißen Socken und Sandalen auftrat. Was die Schweizer anbelangt, habe ich keine Erfahrungswerte, würde es aber riskieren, sie in denselben Topf zu werfen. Ein absoluter Sommerhit, Sandalen mit Socken. Die weiße Socke ist dabei der Klassiker. Die Zurückhaltenderen bevorzugen die schwarze. Was mich an eins meiner Abenteuer in Berlin erinnert.

Während der Fußball-WM 2006 bat mich ein Journalist, diesmal ein brasilianischer, für ihn zu dolmetschen. Er hatte ein Interview mit Udo Voigt, dem „Oberhaupt" der deutschen Neo-Nazi-Partei, verabredet, das im Sitz der Partei stattfinden sollte. In der Nacht konnte ich kaum schlafen, ich hatte Albträume, und obwohl ich mich über die Gelegenheit freute, die Höhle des Löwen kennenzulernen, war ich verzagt.

Ich erinnere mich sehr gut an den Augenblick, als wir das Haus betraten. Wir wurden überaus freundlich empfangen, das schon, aber als ich meine Blicke etwas schweifen ließ, sah ich einen von Kopf bis Fuß tätowierten Mann, der uns auf eine bedrohliche Weise musterte. Irgendwie sah er gelb aus. Für mich war sofort klar, dass er vor Hass gelb angelaufen war. Was mich noch befangener machte als ich es ohnehin schon war.

Wir wurden zum Büro des Parteiführers gebracht, in dem eine Fahne der Partei hing und eine weitere des „alten Reichs", und das über und über mit Nazidevotionalien ausgestattet war. Ich wurde bei meinem Einsatz als Dolmetscherin - es war noch dazu mein allererster - immer nervöser. Doch auf einmal sah ich, dass dieser Mann, Inbegriff von Hass und Intoleranz, Sandalen mit schwarzen Socken trug. Innerlich musste ich grinsen und gewann damit meine Selbstsicherheit zurück.

An diesem Tag hatte ich wirklich das, was die Deutschen einander immer wünschen: "Viel Spaß bei der Arbeit!".

Interpelações de uma menina bravinha
VALESKA BRINKMANN

Férias
Mamãe, por que você acha que seis semanas é muito?
Eu quero é CEM semanas de férias!
Quero não ter que acordar tão cedo e nem ter que fazer lição de casa.
Quero ir pro Brasil, pra Dinamarca e pra Itália e em cada um desses lugares ficar muito tempo. Só brincando.
E não quero usar bota nem jaqueta.
Vou levar minha irmã e meu cachorro e todos os amigos da escola que quiserem vir, podem.
No Brasil a vovó já falou que posso trazer quem eu quiser.
Por que criança tem tão poucas férias, hein, mamãe?
Quando as férias são boas acaba mais rápido ainda. Eu não acho isso justo.
Você acha que se muitas crianças escreverem para o diretor da escola pedindo mais férias de verão, ele vai deixar?
Quem manda nas férias, mamãe? É o diretor da escola? Ou é o prefeito?

Sem sono
Mamãe, hoje eu não quero dormir!
- Porque quero ver a lua chegar até o meio da janela.
E porque eu gosto de ficar acordada.
E eu quero folhear meus livros e fazer um desenho.
Não precisa se preocupar que eu vou escovar os dentes.
Minhas bonecas também vão ficar acordadas até à meia-noite.
Porque eu quero estar acordada quando vocês chegarem da festa.
Hoje eu não quero dormir porque eu nem estou com sono....

Sopa
O que tem nessa sopa?
Está gostosa sim, mas eu quero saber o que que tem dentro, mamãe!
O macarrão de letrinhas eu sei, eu estou vendo, mas esse creminho é de quê?
Que legumes?
Tem abobrinha? Você sabe que eu não gosto de abobrinha.
Não, eu não estou falando abobrinha, mamãe!
Tá bom.
Mas vou querer granulado colorido em cima do sorvete...

Bolacha

Por que os legumes são saudáveis e as bolachas não?
Porque não fazem uma bolacha de cenoura?
Bolo de cenoura já tem e eu gosto. Podiam agora fazer uma bolacha de cenoura.
Você não acha, mamãe?
E também uma bolacha de beterraba, daí seria uma bolacha rosa e daí eu ia comer muito.

Com sono

Olha mamãe, eu não gosto de acordar ainda quando está escuro pra ir pra escola.
Quando está escuro é pra dormir.
E eu fico pensando que ainda é noite...
Se no inverno fica mais tempo no escuro, é problema do inverno, não meu.
No inverno a gente dorme mais
E no verão a gente brinca mais
Pronto.
Devia ser proibido acordar cedo no inverno.

Quarto
Olha, mamãe, você está me perguntando séria,
então vou responder séria também:
Eu não acho que meu quarto está bagunçado, não...
Você não entende, mamãe, mas em cada canto está uma brincadeira minha.
Aqui estão os bichos, ali as bonecas e a casa delas, ali os quebra-cabeças.
O quarto na verdade está muito arrumado!
Arrumado de brincadeiras.

Banho
Por que tem que tomar banho todo dia, hein?
Eu não gosto de parar minha brincadeira para ter que tomar banho.
Isso não tem graça.
E daí quando o banho chato começa a ficar gostoso, você fala que é pra eu sair JÁ do banho.
às vezes você é bem desagradável, mamãe. Sabia?

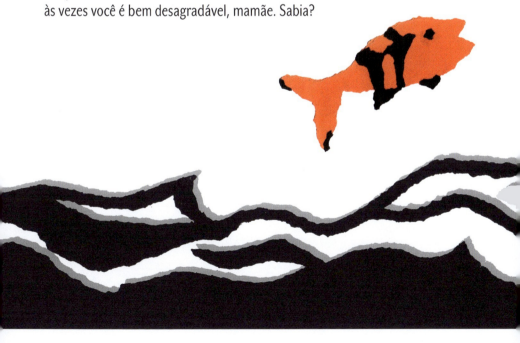

Fragen eines wilden Mädchens
VALESKA BRINKMANN | Niki Graça

Ferien
Mama, warum findest du sechs Wochen lang?
Ich will HUNDERT Wochen Ferien haben!
Ich will nicht früh aufstehen und keine Hausaufgaben machen.
Ich will nach Brasilien, nach Dänemark und nach Italien
und überall lange bleiben.
Und einfach nur spielen.
Und ich will keine Stiefel oder eine Jacke anziehen.
Ich nehme meine Schwester mit und meinen Hund, und alle Schulfreunde,
die wollen, dürfen auch mit.
Die Oma in Brasilien hat gesagt, ich kann mitbringen, wen ich will.
Warum haben Kinder so wenig Ferien, Mama?
Wenn die Ferien schön sind, gehen sie noch schneller zu Ende.
Das ist ungerecht.
Glaubst du, der Schuldirektor sagt ja, wenn ihm viele Kinder schreiben,
dass sie längere Sommerferien wollen?
Wer bestimmt über die Ferien, Mama?
Der Schuldirektor oder der Bürgermeister?

Schlaflos
Mama, heute will ich nicht schlafen gehen!
Ich will zusehen, wie der Mond in der Mitte vom Fenster ankommt.
Außerdem will ich einfach wach bleiben.
Und ich will meine Bücher ansehen und etwas malen.
Du brauchst dich nicht zu kümmern, ich putze mir die Zähne.
Meine Puppen bleiben auch bis Mitternacht auf.
Ich will aufbleiben, bis ihr von dem Fest nach Hause kommt.
Heute will ich nicht schlafen gehen, ich bin gar nicht müde...

Suppe
Was ist in der Suppe drin?
Doch, sie schmeckt, aber ich will wissen, was drin ist, Mama!
Die Buchstabennudeln kann ich ja sehen, aber was ist das Cremige?
Was für Gemüse?
Da ist Kohl drin? Du weißt doch, dass ich Kohl nicht mag.
Nein, ich rede keinen Kohl, Mama!
Na gut.
Aber ich will bunte Perlen aufs Eis...

Kekse
Warum ist Gemüse gesund und Kekse nicht?
Warum gibt es nicht Kekse aus Möhren?
Möhrenkuchen gibt es und ich mag ihn.
Da könnten sie doch auch
Möhrenkekse machen.
Findest du nicht, Mama?
Und auch Rote Beete-Kekse,
die sind rosa und ich würde ganz viele essen.

Verschlafen
Mama, ich will nicht im Dunkeln aufstehen, weil ich in die Schule muss.
Wenn es dunkel ist, soll man schlafen.
Ich denke dann, es ist noch Nacht.
Wenn es länger dunkel ist im Winter,
ist das ein Problem vom Winter, nicht meines.
Im Winter schläft man länger.
Und im Sommer spielt man länger.
Basta.
Es müsste verboten sein, im Winter früh aufzustehen.

Zimmer

Mama, du fragst mich im Ernst, also antworte ich auch im Ernst:
Ich finde nicht, dass mein Zimmer ein Chaos ist...
Du verstehst das nicht, Mama.
In jeder Ecke hab ich eins von meinen Spielzeugen.
Hier sind die Kuscheltiere, hier die Puppen und ihr Haus, hier die Puzzles.
In Wirklichkeit ist das Zimmer richtig aufgeräumt!
Mit Spielzeug aufgeräumt.

Baden

Warum muss ich jeden Tag baden?
Ich mag nicht aufhören zu spielen, weil ich baden muss.
Das ist nicht lustig.
Und wenn das blöde Bad anfängt, Spaß zu machen, sagst du,
ich muss SOFORT raus.
Weißt du, manchmal bist du richtig schrecklich, Mama.

Sehnsucht nach der Weltenseele
LUZIA COSTA BECKER | Christiane Quandt

In die Weite des Universums
schmiege ich mich als Erweiterung
einer großen Kraft.
Im knospenden Aufbruch in diese vollkommene Welt
bewahre ich mir den Hauch eines mütterlichen Flüsterns,
das mich wärmte bei der Ankunft in einer fremden Welt.

Ich wachse und entwickle meine Sinne.
Durchlebe freudige Affekte
und gedeihe mit meiner Liebe.

Nun dringe ich ein in die fremde Welt.
In meiner Wissbegier
beschließe ich, sie zu verschlingen.
Durchlebe traurige Affekte
und es fließen die ersten
Tränen der Sehnsucht
nach dem Ursprung meiner Kraft.

Das Andere fordert mich heraus,
ich entdecke mich im Anderen,
verwechsle mich mit dem Anderen,
werde zum Anderen,
entferne mich von mir,
durchlebe erneut traurige Affekte,
die meine Kräfte erschöpfen.

Ich sehne mich nach dem noch nicht Erlebten.
Süß ist die Sehnsucht nach der Zukunft und sie beruhigt.
Nun lege ich die Identitäten der Anderen frei
und suche meine eigene Fährte.

Wie eine reife Frucht
blicke ich auf das Samenkorn, das ich einst war,
und in der vertrauten Umgebung meines Zimmers,
unter der Last der Welt
schlafe ich zusammengerollt ein.

Gleich einer Beere, die Welt zu nähren fähig,
treffe ich nachts auf meinen irrwandelnden Wiedergänger.
Zwischen Schmerz und Lust erfahre ich, was dem Leben innewohnt.
Beschließe, das Vergangene zu lieben,
und behaupte erneut die Lust an meiner eigenen Kraft,
den Willen, mir die Welt neu anzueignen,
indem ich mich selbst mir neu aneigne.
Etliche traurige Affekte lege ich ab,
nehme meine Oberfläche wahr.
Ich bin bereit für das neue Andere,
für freudige Begegnungen.

Ich erwache früh,
sehe im Fenster die Sonne
und die ersten Frühlingsblumen.
Wärme mich an dieser
nicht mehr so fremden Welt.

Erfüllt von freudigen Affekten,
Inmitten einer Explosion von Düften,
Eines Kaleidoskops voller Farben und Liebe,
finde ich mich in einem Seufzer wieder.
Die Sehnsucht, die ich fühle,
Ist die Sehnsucht nach der Weltenseele!

Das Gedicht bezieht sich auf die pantheistische Philosophie und Ethik Baruch de Spinozas (1632-1677), insbesondere auf seine Theorie der Affekte.

Saudade da alma do mundo LUZIA COSTA BECKER

No espraiamento do universo,
aconchego-me como extensão
de uma potência maior.
No rebento desse mundo perfeito,
guardo a brisa do sussurro materno
que me acalentou na chegada a um mundo estranho.

Cresço e desenvolvo sentidos.
Experimento afetos alegres
e engrandeço com o Amor.

Invado o mundo estranho.
Na minha fome de conhecimento,
decido devorá-lo.
Experimento afetos tristes
e deixo rolar as primeiras
lágrimas de saudade
do alimento da minha potência.

A alteridade me testa
descubro-me no outro
confundo-me com o outro
torno-me o outro
distancio-me de mim
experimento mais afetos tristes
que extenuam a minha potência.

Sinto saudade do que ainda não vivi.
A saudade do futuro é doce e me acalma.
Desnudo então as identidades,
procurando pistas de mim.

Como um fruto maduro,
vejo a semente que fui
e na intimidade do meu quarto,
sob a pressão do mundo,
adormeço em posição fetal.

Como uma Baga capaz de nutrir o mundo,
encontro o meu espectro errante na noite.
Entre a dor e o prazer, experimento o que é inerente à vida.
Decido amar o passado,
reafirmando a vontade de potência,
de reapropiar-me do mundo ao
reapropiar-me de mim mesma.
Desvencilho-me de alguns afetos tristes
e percebo a minha superfície.
Estou pronta para uma nova alteridade,
para os encontros felizes.

*O poema faz referência à filosofia panteística e
à ética de Baruch de Espinoza (1632 – 1677),
especialmente à sua teoria dos afetos.*

Acordo cedo
vejo o sol pela janela
e as primeiras flores da primavera.
Acalento-me no mundo,
não mais tão estranho.

Invadida de afetos alegres,
em meio a explosão de sabores
a um caleidoscópio de cores e amores,
reencontro-me num suspiro.
A saudade que sinto
é saudade da alma do mundo!

Autores Biografien
mit Zeichnungen von com ilustrações de Ciça Camargo

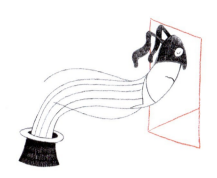

CARLA BESSA

Depois de estudar teatro no Rio, colocou o pé na estrada. Esta era longa e deu na Alemanha. Trabalhou como atriz durante 15 anos em teatros alemães, austríacos e suíços, para um belo dia jogar tudo para o alto e tornar-se tradutora literária. Traduziu, entre outros, Christa Wolf, Max Frisch e Ingeborg Bachmann. Seus contos são recortes do cotidiano urbano de personagens em diferentes classes sociais.

UDO ANTÔNIO BAINGO

wurde 1973 in Porto Alegre geboren und ist als kleines Kind mit Familie nach São Paulo umgezogen. 1994 entscheidet sich Udo, nach Deutschland zu fliegen. Er lebt und arbeitet als Übersetzer in Berlin. Er pendelt zwischen Lyrik und Phantastik. Sein Gedichtband *Inocência* erschien 2011 in Rio de Janeiro im Verlag *Multifoco*.

nasceu em Porto Alegre no ano de 1973 e ainda menino muda-se para São Paulo com a família. Em 1994, ele decide voar para a Alemanha. Vive e trabalha como tradutor em Berlim. Escreve poesias e literatura fantástica. Em 2011, Udo publicou seu livro de poesia *Inocência* pela editora carioca *Multifoco*.

Nach dem Theaterstudium in Rio de Janeiro setzte sie die Segel und legte in Deutschland an. Sie arbeitete 15 Jahre auf deutschen, österreichischen und Schweizer Bühnen als Schauspielerin, dann begann sie, Literatur zu übersetzen, u.a. Christa Wolf, Max Frisch und Ingeborg Bachmann. Ihre Kurzgeschichten sind Momentaufnahmen aus dem urbanen Alltag von Menschen in verschiedenen sozialen Schichten.

VALESKA BRINKMANN

nasceu em Santos, São Paulo. Estudou Radio e TV na FAAP, Universidade São Paolo. Vive em Berlim desde 2003 e trabalha na emissora de Radio e TV da cidade, rbb. Escreve histórias para crianças e contos.

wurde in der Küstenstadt Santos im Bundesstaat São Paulo geboren. Sie studierte TV- und Radio-Journalismus an der FAAP Universität in São Paulo. Seit 2004 in Berlin lebend, arbeitet sie beim Rundfunk Berlin-Brandenburg (rbb). Sie schreibt Kurzgeschichten und Literatur für Kinder.

CIÇA CAMARGO

Dança, ilustração, arte visual e muita poesia estão presentes na vida dela. É de São Paulo, ja morou na Argentina, Dinamarca e hoje vive em Berlim com seu marido e sua cachorrinha Greta.Formou-se em Artes Plásticas. Atuou em companhias de dança. Atualmente trabalha como autora e ilustradora de livros infantis.

ANA VALÉRIA CELESTINO

caiçara de São Sebastião, nascida em 1969. Nas lembranças da prima mais velha, uma observadora. Encontrou na crônica, rápida e informal, o espaço para resgatar a riqueza dos momentos cotidianos. Em Berlim, fez mestrado em História Medieval e Língua Portuguesa. Hoje trabalha como tradutora e é colaboradora da Revista *ContempoArtes*.

kommt aus São Sebastião, Jahrgang 1969. Für die ältere Cousine war sie immer eine Beobachterin. Ana fand in der Crônica (Glosse)ein schnelles, informelles Genre, um Bilder des Alltages hervorzuheben. In São Paulo und Berlin studierte sie Mittelalterliche Geschichte und Portugiesisch, sie arbeitet als Übersetzerin und schreibt für die Zeitschrift *ContempoArtes*.

Tanz, Illustration, Kunst und viel Poesie erfüllen ihr Leben. Ursprünglich aus São Paulo, lebte sie in Argentinien und Dänemark; heute wohnt sie in Berlin mit ihrem Mann und Hündin Greta. Sie absolvierte ein Studium der Bildenden Kunst, trat mit Tanzensembles auf. Derzeit arbeitet sie als Autorin und Illustratorin von Kinderbüchern. cicamargo.com

LUZIA COSTA BECKER

nasceu em 1968 em Conceição do Mato dentro em Minas Gerais. Morou em Belo Horizonte e no Rio de Janeiro, onde fez seu doutorado em Ciência Política no IUPERJ-IESP/UERJ. Em 2010, mudou-se para Nuremberg e depois para Berlim, onde fez seu pós-doutorado na Universidade Humboldt. Além de histórias infanto-juvenis, ela escreve poemas e crônicas.

wurde 1968 in Conceição do Mato Dentro (Minas Gerais) geboren. Sie machte an der **UFMG** ihren Master in Soziologie und promovierte in Politikwissenschaften an der **IUPERJ-IESP/UERJ**. Nach einer Zwischenstation in Nürnberg lebt sie seit 2011 in Berlin, wo sie an der **HU** ihr Postdoc-Projekt abgeschlossen hat. Sie schreibt Texte für Kinder und Jugendliche, Gedichte und Crônicas (Glossen).

trabalha na organização de festivais de cinema e televisão. Samantha entrou para o Círculo para trabalhar em um roteiro. Desde então, o cinema e a literatura são para ela amantes inseparáveis. Hoje, ela também escreve contos.

wurde 1985 in São Paulo geboren. Sie studierte Filmregie an der Universidad del Cine in Buenos Aires. Seit 2011 lebt sie in Berlin und organisiert Film- und Fernsehfestivals. Sie trat in den Círculo ein, um die Arbeit an einem Drehbuch fortzusetzen. Seither sind Kino und Literatur für sie untrennbare Liebhaber. Heute schreibt sie auch Kurzgeschichten.

CLÉSSIO MOURA DE SOUZA

nasceu em 1980 em Traipú - Alagoas. Cozinha, pinta, escreve peças de teatro, atua e é locutor em um programa de rádio. E, claro, escreve contos. Atualmente é doutorando bolsista do Instituto Max-Planck em parceria com a Universidade Albert-Ludwigs de Freiburg na Alemanha, onde escreve sua tese em criminologia.

wurde 1980 in Traipú, Alagoas, geboren. Er kocht, malt, ist als Radiosprecher tätig, schreibt Theaterstücke, spielt selbst The-

SAMANTHA DEARO

nasceu em 1985 em São Paulo, capital. Formou-se em direção cinematográfica pela Universidad del Cine em Buenos Aires. Mora em Berlim desde 2011 onde

ater - und schreibt natürlich Geschichten. Seine Dissertation in Kriminologie verfasst er mit einem Stipendium am Max-Planck-Institut und der Albert-Ludwigs-Universität Freiburg.

CAMILA NOBILING

nasceu em 1973 em Jundiaí, São Paulo. Estudou Direito no Brasil, onde trabalhou como advogada. O amor a trouxe junto com sua filha para Berlim. Estudou Linguística Germânica e Ciências da Informação e Biblioteconomia na HU. Hoje trabalha nas áreas de redação e tradução. Inventa histórias desde a sua infância.

wurde 1973 in Jundiaí, SP geboren. Sie studierte Jura in Brasilien, wo sie als Anwältin arbeitete. Die Liebe brachte sie zusammen mit ihrer Tochter nach Berlin; sie studierte germanistische Linguistik und Bibliotheks- und Informationswissenschaft an der HU und ist als Redakteurin und Übersetzerin tätig. Sie erfindet Geschichten seit ihrer Kindheit.

LUCIANA RANGEL

nasceu em1974 em Rio de Janeiro, é carioca de nascença, berlinense por opção. Acha Berlim quase tão legal quanto o Rio. Escreve histórias desde que aprendeu a escrever. Coleciona em suas malas prêmios jornalísticos, fotos e pensamentos. Hiperativa, faz menos do que gostaria e sempre mais do que pode. Mas é muito feliz assim.

gebürtige Carioca, wurde 1974 in Rio de Janeiro geboren und ist Wahlberlinerin seit 2006. Die Journalistin findet Berlin fast so cool wie Rio de Janeiro. Schreibt Geschichten, seit sie schreiben kann. Sie sammelte in ihrem Koffer journalistische Preise, Fotos und Gedanken. Hyperaktiv, macht sie weniger als sie möchte und immer mehr als sie kann. Aber sie ist sehr glücklich so.

BARBARA BICHLER

nasceu em 1980. Depois de longas estadias no Brasil e em Portugal, vive atualmente em Berlim. Traduziu contos de Raquel de Queiroz e Lívia Garcia-Roza, entre outros.

geboren 1980, lebt und arbeitet nach längeren Aufenthalten in Brasilien und Portugal in Berlin. Sie hat Kurzgeschichten aus dem Brasilianischen u. a. von Raquel de Queiroz und Livia Garcia-Roza übersetzt.

MARIANNE GAREIS

nasceu em 1957, é tradutora especializada em literatura em língua portuguesa e espanhola. Traduziu autores consagrados, como José Saramago, Miguel Sousa Tavares e Gonçalo M. Tavares. Em 2014, ganhou o prêmio de Tradução Straelener da Fundação Cultural NRW, pela tradução de *Dom Casmurro,* de Machado de Assis.

geboren 1957. Sie ist Literaturübersetzerin für Portugiesisch und Spanisch. Sie übersetzte José Saramago, Miguel Sousa Tavares und Gonçalo M. Tavares. 2014 erhielt sie für ihre Übersetzung des brasilianischen Klassikers *Dom Casmurro* von Machado de Assis den Straelener Übersetzerpreis der Kunststiftung NRW.

NIKI GRAÇA

é tradutora e intérprete. Entre as suas traduções publicadas do português destacam-se Über die *Liebe und das Meer*, poemas de José Saramago (2011) e a correspondência entre Olga Benario e Luis Carlos Prestes *Die Unbeugsamen: Briefwechsel aus Gefängnis und KZ* (2013).

ist Übersetzerin, vor allem aus dem Portugiesischen. Zu ihren Veröffentlichungen zählen u.a. der Gedichtband Über die *Liebe und das Meer* von José Saramago sowie *Die Unbeugsamen: Briefwechsel aus Gefängnis und KZ* von Olga Benário und Luis Carlos Prestes.

INGRID HAPKE

Ingrid Hapke é formada em Literatura e Antropologia histórica em Freiburg. Escreveu seu doutorado (2013) sobre o movimento da Literatura Marginal e sua produção cultural em São Paulo. Trabalha também como intérprete, tradutora e redatora publicitária.

Ingrid Hapke studierte Literaturwissenschaft und Historische Anthropologie in Freiburg. Sie promovierte 2013 über die aktuelle Bewegung der marginalen Literatur und ihre kulturellen Produktionen in São Paulo und gab dazu 2015 *Polifonias marginais* mit heraus. Sie ist als Kontextkünstlerin, Dolmetscherin, Übersetzerin und Texterin tätig.

MICHAEL KEGLER

nasceu em 1967 é tradutor especializado nas literaturas brasileira, portuguesa e da África lusófona. Junto com Marianne Gareis, ganhou o Prêmio de Tradução da Fundação de Arte NRW em 2014 e em 2016, ao lado do autor Luiz Ruffato, o Prêmio Internacional Hermann Hesse..

geboren 1967, übersetzt Literatur aus Brasilien, Portugal und dem portugiesischsprachigen Afrika. Er hielt 2014 gemeinsam mit Marianne Gareis den Straelener Übersetzerpreis der Kunststiftung NRW und 2016 mit dem Autor Luiz Ruffato den Internationalen Hermann-Hesse-Preis.

CHRISTIANE QUANDT

nasceu em 1982 em Colônia, Alemanha. É tradutora para o espanhol e o português. Além disso, integra a redação da revista *alba. lateinamerika lesen*. Até 2015, foi docente e pesquisadora na FU Berlin. Co-editou a antologia sobre as literaturas atuais brasileiras *Novas Vozes. Zur brasilianischen Literatur im 21. Jahrhundert* (2013).

wurde 1982 in Köln geboren. Sie ist Übersetzerin für Spanisch und Portugiesisch und Mitherausgeberin von *alba. lateinamerika lesen*. Bis 2015 war sie an der FU Berlin tätig. Sie ist Mitherausgeberin des Bandes zur aktuellen brasilianischen Literatur *Novas Vozes. Zur brasilianischen Literatur im 21. Jahrhundert* (2013).

ARON ZYNGA

vive e trabalha em Berlim, onde nasceu em 1982. Estudou várias áreas de ciências humanas e sociais. Trabalhou como cozinheiro e professor de alemão. Hoje é tradutor do português para o alemão.

lebt und arbeitet in Berlin, wo er 1982 auch geboren wurde. Er hat als Koch und Deutschlehrer gearbeitet sowie verschiedene Geistes- und Sozialwissenschaften studiert. Er übersetzt vom Portugiesischen ins Deutsche.

TANJA LANGER

wurde 1962 in Wiesbaden geboren. Lebt seit 1986 in Berlin. Sie arbeitete als Theaterregisseurin, bekam drei Töchter, schrieb für Zeitungen und publizierte Erzählungen, Hörspiele, acht Romane, u.a. *Kleine Geschichte von der Frau, die nicht treu sein konnte*, *Der Maler Munch* und *Der Tag ist hell, ich schreibe dir* sowie das Libretto zur Oper *Kleist* (UA 2008) von Rainer Rubbert. 2015 gründete sie den Bübül Verlag Berlin.

nasceu em 1962 em Wiesbaden. Vive em Berlim desde 1986. Trabalhou como diretora de teatro, teve três filhas, escreveu para jornais e publicou contos, peças radiofônicas e oito romances, entre eles, *A pequena história da mulher que não sabia ser fiel*, *O pintor Munch* e *O dia está claro, te escrevo*. Publicou ainda o libreto da Ópera *Kleist* de Rainer Rubbert (2008). Em 2015, fundou a Editora Bübül em Berlim.

MARIA HERRLICH

wurde 1955 in Leipzig geboren, wuchs in Frankfurt/Main und Düsseldorf auf. Sie lebt seit 1978 in Berlin und arbeitet als Grafikerin, Werbegrafikerin und Illustratorin. Sie hat für große Verlage Bücher gestaltet, vier eigene Kochbücher geschrieben und illustriert. Hg. der Anthologien A*pfelgeschichten* (2012) und *Ei-Buch* (2013). Seit drei Jahren ist ihr „Herrlicher Salon" ein bekannter literarischer Treffpunkt in Berlin.

nasceu em 1955 em Leipzig, cresceu em Frankfurt/Main e Düsseldorf. Vive desde 1978 em Berlim e trabalha como diagramadora, designer gráfica e ilustradora. Trabalhou com grandes editoras, escreveu e ilustrou seus quatro livros de receitas. Co-editou as antologias *Histórias da maça* (2012) e *O livro do ovo* (2013). Há três anos, o seu "Herrlicher Salon" é um conhecido ponto de encontro literário em Berlim.

Índice Inhalt

Tanja Langer Vorwort **Vorwort**	2
Camila Nobiling Herr Kröterich **Seu Rã**	4
Ciça Camargo **Reflexo** Reflex **Metade** Hälfte Trauer **Luto**	16
Carla Bessa Toc **Toc**	26
Udo Baingo Die unbändige Liebe **Oh! Amor irreverente**	38
Luciana Rangel Persönliche Szenen einer familiären Vergangenheit **Cenas íntimas de um passado familiar**	46
Cléssio Moura de Souza **A lista de Helena** Helenas Liste	56
Samantha Dearo Ivan **Ivan**	69
Ana Valéria Celestino **Típico Alemão** Typisch deutsch	76
Valeska Brinkmann **Interpelações de uma menina bravinha** Fragen eines wilden Mädchens	82
Luzia Costa Becker Sehnsucht nach der Weltenseele **Saudade da alma do mundo**	90
Autores Biografien	96

BÜBÜL VERLAG BERLIN, 2016
die bücher mit dem büffel / os livros com o búfalo
No. 5

Herausgeberin & Lektorat: Tanja Langer
Künstlerische Beratung: Wolfgang Siano
Titel & Layout: Maria Herrlich

Grafiken © Maria Herrlich
Zeichnungen © Ciça Camargo, S. 97–100

Druck: Heenemann, Berlin
1. Auflage, 2016

Herzlichen Dank an Carla Bessa!

**Wir danken der
CoSa Capital GmbH München,
Cornelia Sailer, für die großzügige Unterstützung
dieses Buchs.**